essentials

Essentials liefern aktuelles Wissen in konzentrierter Form. Die Essenz dessen, worauf es als „State-of-the-Art" in der gegenwärtigen Fachdiskussion oder in der Praxis ankommt. Essentials informieren schnell, unkompliziert und verständlich

- als Einführung in ein aktuelles Thema aus Ihrem Fachgebiet
- als Einstieg in ein für Sie noch unbekanntes Themenfeld
- als Einblick, um zum Thema mitreden zu können.

Die Bücher in elektronischer und gedruckter Form bringen das Expertenwissen von Springer-Fachautoren kompakt zur Darstellung. Sie sind besonders für die Nutzung als eBook auf Tablet-PCs, eBook-Readern und Smartphones geeignet.

Essentials: Wissensbausteine aus Wirtschaft und Gesellschaft, Medizin, Psychologie und Gesundheitsberufen, Technik und Naturwissenschaften. Von renommierten Autoren der Verlagsmarken Springer Gabler, Springer VS, Springer Medizin, Springer Spektrum, Springer Vieweg und Springer Psychologie.

Susanne Schuett

Führung im demografischen Wandel

Ein Leitfaden für Führungskräfte
und Personalmanager

 Springer

Dr. Susanne Schuett
Universität Wien
Fakultät für Psychologie
Wien, Österreich

ISSN 2197-6708   ISSN 2197-6716 (electronic)
ISBN 978-3-658-07686-3   ISBN 978-3-658-07687-0 (eBook)
DOI 10.1007/978-3-658-07687-0

Die Deutsche Nationalbibliothek verzeichnet diese Publikation in der Deutschen Nationalbiblio-
grafie; detaillierte bibliografische Daten sind im Internet über http://dnb.d-nb.de abrufbar.

Gedruckt auf säurefreiem und chlorfrei gebleichtem Papier

Springer ist eine Marke von Springer DE. Springer DE ist Teil der Fachverlagsgruppe Springer
Science+Business Media
www.springer.de

Was Sie in diesem Essential finden können

- Das Wichtigste über den demografischen Wandel in Kürze
- Alternskompetenz für Führungskräfte und Personalmanager
- Handlungsanleitung für ein effektives Führen im demografischen Wandel

Vorwort

„Wie Sie den Laden führen, wenn die Leute erst mit 75 in Rente gehen", so Peter Drucker einmal trefflich, ist die zentrale und zugleich schwierigste Management-Aufgabe der Zukunft. Der demografische Wandel bzw. unser neues Altern ist aktuell eine der größten Herausforderungen für Führungskräfte und Personalmanager aller Branchen, Organisationsebenen und Bereiche.

Dieses „Essential" unterstützt Führungskräfte und Personalmanager bei der Bewältigung dieser Herausforderung – und zwar praxisnah und konkret. Es basiert auf meinem Praktiker-Handbuch *„Demografie-Management in der Praxis: Mit der Psychologie des Alterns wettbewerbsfähig bleiben"* (Springer, März 2014) und liefert eine kompakte Handlungsanleitung für ein effektives Führen im demografischen Wandel.

Das „Essential" richtet sich an alle, die Mitarbeiter führen bzw. Personal managen und sich, in aller Kürze, auf die aktuellen und zukünftigen (Führungs-)Herausforderungen des demografischen Wandels vorbereiten möchten. Führungskräfte und Personalmanager haben jetzt die Chance, die schwierigste Lebenskunst im 21. Jahrhundert – unser neues Altern – im Sinne eines *„Ready to Age"* erfolgreich zu meistern, mitzugestalten und voranzutreiben.

Außerdem ist das „Essential" auch für all diejenigen, die Führungskräfte entwickeln, trainieren oder beraten, sowie für alle Praktiker, Lehrende und Studierende der Betriebswirtschaftslehre und der Psychologie – und natürlich für alle, die mehr über ihr eigenes Altern, über das Altern am Arbeitsplatz und in Unternehmen erfahren möchten. Denn für die meisten von uns ist das Altern nach wie vor ein weißer Fleck auf der Landkarte des Lebens: Man begibt sich auf unbekanntes Terrain, ohne sich auszukennen, ohne sich vorzubereiten. Dabei kann man so viel tun, dass man gesund, motiviert und leistungsfähig älter wird, und dabei auch noch Spaß hat.

Das „Essential" orientiert sich konsequent an den Bedürfnissen und Problemen in der Praxis. Das neueste Wissen über das Führen im demografischen Wandel wird deshalb so interessant, einfach und unterhaltsam wie möglich vermittelt. Auf wissenschaftlichen Jargon wird deshalb ebenso bewusst verzichtet wie auf die klassisch-wissenschaftliche Zitierweise. Ein vollumfängliches Verzeichnis der verwendeten und zum Weiterlesen empfohlenen Literatur findet sich am Ende des „Essentials" – ebenso wie eine Auswahl einiger exzellenter nationaler und internationaler Organisationen und Ressourcen für eine weiterführende Beschäftigung mit den Herausforderungen und Gestaltungsmöglichkeiten unseres neuen Alterns.

Ich hoffe, dass dieses „Essential", wie auch mein Praktiker-Handbuch *Demografie-Management in der Praxis*", die betriebliche Realität der Führung im demografischen Wandel tatsächlich entscheidend verbessern hilft.

An dieser Stelle möchte ich mich für die – erneut – großartige familiäre Unterstützung bedanken, ebenso wie bei allen anderen, die zum Entstehen dieses Buches beigetragen haben, nämlich bei den zahlreichen Experten aus der Alternsforschung und -praxis, bei meinen Unterstützern, Kollegen und Studenten meiner bisherigen universitären Wirkungsstätten (LMU München, University of Durham, University of California, San Diego, Universität Wien) sowie bei Herrn Joachim Coch, Frau Jennifer Ott und Frau Meike Linnewedel vom Springer-Verlag.

Wien im Oktober 2014   Susanne Schuett

Inhaltsverzeichnis

Die Autorin

Dr. Susanne Schuett, promovierte Psychologin, forscht seit vielen Jahren international im Bereich Altern, Gesundheit und Organisation. Wissenschaftlich ausgebildet in Deutschland, Großbritannien und den USA, gilt ihr Arbeits- und Forschungsinteresse den neuen Dynamiken des Alterns, beim Einzelnen und im Unternehmen. Susanne Schuett lebt und arbeitet in Wien.

Kontakt: Susanne Schuett, Institut für Angewandte Psychologie der Universität Wien, Liebiggasse 5, A-1010 Wien,
E-Mail: susanne.schuett@univie.ac.at

Problem: „Wie werden Sie den Laden führen, wenn die Leute erst mit 75 in Rente gehen?"

Immer älter, immer weniger Führungskräfte und Personalmanager in Unternehmen aller Größen und Branchen stehen vor einer historisch noch nie dagewesenen globalen Herausforderung: Immer mehr von uns werden immer älter und gleichzeitig werden wir immer weniger. Unternehmen sind deshalb gleich mehrfach herausgefordert: Ihre Belegschaften müssen aus einem allgemein schrumpfenden Arbeitsmarkt rekrutiert werden, denn aufgrund sinkender Geburtenraten fehlen bis 2030 in Deutschland 6 Mio. im erwerbsfähigen Alter. Außerdem ist bereits heute jeder dritte Mitarbeiter der globalen Fortune-500-Unternehmen 50 Jahre und älter. Im Jahr 2030 gilt dies für fast jeden zweiten Erwerbstätigen, insbesondere in den westlichen Industrienationen. Am schnellsten wächst der Anteil der Erwerbstätigen zwischen 55 bis 65 Jahren und derjenigen jenseits des 65. Lebensjahres. *„Wie Sie den Laden führen, wenn die Leute erst mit 75 in Rente gehen"*, so Peter Drucker, ist deshalb zentrale und zugleich schwierigste Management-Aufgabe der Zukunft.

Altern: Erfolgskritischer Megatrend Nach einer aktuellen Umfrage der Londoner *Economist Intelligence Unit* sind sich auch die Top-Manager der befragten 480 europäischen Unternehmen einig: Die Bewältigung des demografischen Wandels ist erfolgskritisch. Denn in Zukunft hängt der wirtschaftliche Erfolg entscheidend von der Fähigkeit eines Unternehmens ab, das immer weniger und immer älter werdende Personal zu gewinnen, zu binden und arbeits- bzw. leistungsfähig (d. h. gesund, qualifiziert und motiviert) zu halten. Bereits 1997 stellte Peter Drucker fest: *„Die wettbewerbskritischen Faktoren sind nicht mehr Ökonomie und Technologie. Es ist die Demografie."* Der demografische Wandel bzw. unser neues Altern

© Springer Fachmedien Wiesbaden 2014
S. Schuett, *Führung im demografischen Wandel, essentials*,
DOI 10.1007/978-3-658-07687-0_1

ist *der* neue globale Wirtschaftstrend, der sogar zum wichtigsten globalen Trend unserer Zukunft erklärt wurde.

80 ist das neue 60 Denn unser Altern hat sich in historisch sehr kurzer Zeit drastisch verändert: Die meiste Zeit der Menschheitsgeschichte sind wir im Schnitt nur 35 Jahre alt geworden. Jetzt leben wir nicht nur viel länger, sondern auch viel bunter und vielfältiger als je zuvor – und vor allem auch viel gesünder. Die heute 80-Jährigen sind so gesund wie ihre Großeltern mit 60. Wir haben viele Jahre dazugewonnen, und zwar gesunde Jahre in der Mitte unseres Lebens. Somit stellt sich die Frage: Was ist heute „alt"? Das hat kürzlich auch die Schweizer Großbank UBS ihre Investoren gefragt. Für die meisten beginnt „alt" frühestens mit 80 bzw. eigentlich erst dann, wenn man seine Unabhängigkeit verliert. Außerdem möchten immer mehr Menschen mindestens bis 70 oder gar 75 arbeiten. Vor allem Führungskräfte, so das Manager Magazin, wollen sich „nicht mehr mit 60 oder 65 ausmustern lassen und nur mehr ihr Handicap beim Golfen optimieren." Sie wollen weiterarbeiten, produktiv bleiben.

Länger leben, länger arbeiten? Diese positive Haltung zu lebenslangem Produktivsein wird immer wichtiger. Sie erlaubt uns, die Potentiale und Chancen unseres neuen Alterns zu nutzen. Jedoch dürfen wir dabei nicht vergessen, dass für viele Menschen dieses „produktive Altern" keine Wahl, sondern Zwang bzw. schlichtweg nicht möglich ist. Dies gilt vor allem für diejenigen, die aufgrund einer großen körperlichen Belastung ihre Tätigkeit nicht einmal bis zum Rentenalter ausüben können. Außerdem haben nicht alle gleichermaßen die Ressourcen, den Anforderungen eines längeren „Produktivseins" bzw. „Tätigseins" gerecht zu werden. Es zeichnet sich ein weltweiter Trend ab: diejenigen mit einer höheren Ausbildung arbeiten immer länger als diejenigen mit einer niedrigen Ausbildung; die Schere zwischen den gut gebildeten Reichen und den ungelernten Armen geht immer weiter auf, und dies in allen Altersgruppen. Die Folgen für den Einzelnen und unsere Gesellschaft sind dramatisch.

Altern braucht Gestaltung Deshalb müssen die entsprechenden Möglichkeiten geschaffen werden, dass jeder so lange arbeiten kann, um die Zukunft zu schaffen, die sie oder er möchte. Gefragt sind hier Unternehmen, Politik und letztlich jeder Einzelne. Altern muss „neu erfunden" werden, und nicht nur das Weltwirtschaftsforum und die Weltgesundheitsorganisation fordern innovative Konzepte und Lösungen. Während in der Altersfrage die Regierungen von Washington über Brüssel bis nach Peking noch über neue politische Programme debattieren, geht der private Sektor in Führung. Denn der demografische Wandel lässt sich

nicht aussitzen. Seine Bewältigung erfordert gesamthafte, integrierte, in den meisten Fällen kreative Lösungen. Es gilt die Risiken des demografischen Wandels zu
minimieren und seine Chancen zu nutzen. In Peter Druckers Worten: *„Zweck und
Ziel der Organisation ist es, die Stärken der (alternden) Menschen produktiv zu
machen und ihre Schwächen unwesentlich.“*

Pflichtprogramm Demografie-Management Zur Gestaltung des Alterns haben
viele Unternehmen begonnen, alterns- bzw. demografieorientierte Unternehmens-
bzw. Personalstrategien zu entwickeln, um dann primär auf Basis von betrieblichen
Altersstrukturanalysen, konkrete Personalmaßnahmen zu konzipieren, nämlich:
entsprechende Modelle der Personalplanung, Personalrekrutierung, Personalentwicklung sowie Arbeitsgestaltung (insb. betreffend Arbeitsplatz, -inhalt, -zeit, -ort
und -sicherheit), Gratifikations- und Laufbahngestaltung sowie Gesundheits- und
Wissens-Management und neue Work-Life-Balance Konzepte. Unternehmenslei-
tung, Führungskräfte, Arbeitnehmervertreter und Kontrollorgane sehen zunehmend
die Dringlichkeit von betrieblichem Demografie-Management sowie dessen ökonomische und soziale Notwendigkeit bzw. Nutzen: Wer alternsorientiertes Risiko-
und Chancen-Management betreibt, ist kein Altruist, sondern denkt kaufmännisch
und sozial verantwortlich. Die Demografie- bzw. Alterns-Frage ist keine Luxus-
Frage mehr, sondern eine existenzielle Frage. Demografie-Management bedeutet
dreifachen Gewinn, nicht nur für das Unternehmen selbst, sondern auch für den
Einzelnen und die Gesellschaft (siehe Textbox: „Demografie-Management: Ökonomischer, individueller und sozialer Nutzen“).

**Demografie-Management: Ökonomischer, individueller und sozialer
Nutzen**

Unternehmen/Organisation:
- Steigerung der Kapazität und Produktivität:u. a. durch gesteigerte Gewin-
  nung, Bindung, Engagement, Qualifizierung und Gesundheit sowie
  Arbeits- und Leistungsfähigkeit der Mitarbeiter
- Senkung der Personalkosten (insb. aufgrund reduzierter Krankheits-,
  Rekrutierungs-, Fluktuationskosten)
- Steigerung des Umsatzes und Gewinns
- Sicherung des Erfahrungswissens
- Steigerung der Produkt- bzw. Dienstleistungsqualität
- Steigerung der Kundenzufriedenheit
- Verbesserung der nachhaltigen Unternehmens-/Organisationsentwicklung
- Steigerung der Wettbewerbs-, Innovations- und Zukunftsfähigkeit

- Kapitalrendite Demografie-Management: Erste Kosten-Nutzen-Analysen zeigen, dass – ähnlich wie beim betrieblichen Gesundheitsmanagement – pro investiertem Euro nach einigen Jahren ca. 3–5 € zurück fließen (insb. wegen reduzierter Kosten aufgrund von Fehlzeiten, Arbeitsunfähigkeit und Fluktuation sowie gesteigerter Produktivität)

Individuum:
- Steigerung der Arbeits- und Leistungsfähigkeit
- Steigerung der Arbeitsmotivation und -zufriedenheit
- Verlängerung der Lebensarbeitszeit
- Verbesserung von Gesundheit und aktivem Altern
- Steigerung von allgemeiner Zufriedenheit, Wohlbefinden, Lebensqualität
- Steigerung des individuellen Wohlstands

Gesellschaft:
- Stabilisierung der politischen Ordnung, national/international
- Nachhaltige Entwicklung des Sozialsystems
- Stabilisierung der Kapitalmärkte
- Verbesserung von Gesundheit und aktivem Altern
- Steigerung der Erwerbszeiten und Senkung der Arbeitslosigkeit
- Förderung der Solidarität zwischen den Generationen
- Steigerung des gesamtgesellschaftlichen Wohlstands

Altern: Eine Frage der Führung Das Altern gilt, ähnlich wie die Gesundheit, meist nach wie vor noch als Privatsache, um die sich der Einzelne selbst zu kümmern hat. Doch Führungskräfte spielen im Hinblick auf die Gestaltung des Alterns eine entscheidende Rolle. Denn das Führungsverhalten eines Vorgesetzten hat nachweislich den größten Einfluss auf das Altern bzw. auf die Gesundheit, Qualifikation und Motivation seiner Mitarbeiter am Arbeitsplatz (siehe Textbox: „Erfolgreiches Altern am Arbeitsplatz: Eine Frage der Führung").

Erfolgreiches Altern am Arbeitsplatz: Eine Frage der Führung

Mittlerweile gibt es keinen Zweifel mehr, dass Führung das erfolgreiche Altern fördern aber auch gefährden kann.

Denn je nachdem, wie sich eine Führungskraft gegenüber ihren Mitarbeitern verhält, kann sie dafür sorgen, dass diese entweder 1) erfolgreich altern und lange gesund, qualifiziert und motiviert bzw. arbeits-/leistungsfähig und

-zufrieden bleiben, oder 2) weniger erfolgreich altern, und kränker, unqualifizierter und unmotivierter bzw. weniger arbeits-/leistungsfähig und unzufriedener werden.

Führungskräfte beeinflussen sogar maßgeblich, wie lange ihre Mitarbeiter im Unternehmen bzw. Arbeitsleben bleiben; sogar die vorzeitige Beendigung der Erwerbstätigkeit oder die Frühverrentung aus „gesundheitlichen" Gründen hat meist mehr mit dem Führungsverhalten des Vorgesetzten zu tun, als die meisten von uns denken.

Ohne sich dessen bewusst zu sein, haben Führungskräfte, positiv wie negativ, den wahrscheinlich größten Einfluss auf die Gesundheit, Qualifikation und Motivation ihrer Mitarbeiter, und damit auf deren Arbeits-/Leistungsfähigkeit und -zufriedenheit sowie Verbleib im Unternehmen bzw. Arbeitsleben.

Ihr Führungsverhalten ist als einziger langfristiger Erfolgsfaktor identifiziert worden, der die Arbeitsfähigkeit und -leistung (gerade bei älteren Mitarbeitern) erhalten und sogar erhöhen kann: insbesondere die Anerkennung durch den Vorgesetzten steigert die Arbeitsfähigkeit und -leistung seiner Mitarbeiter um das Vierfache. Außerdem sichern Führungskräfte auch die nachhaltige Umsetzung von Demografie-Management.

Neues Altern, neue Führungsherausforderungen Vor diesem Hintergrund erhält Peter Druckers Frage *„Wie Sie den Laden führen, wenn die Leute erst mit 75 in Rente gehen"* eine neue Schärfe. Schließlich müssen Führungskräfte für ihren Verantwortungsbereich sicherstellen, dass auch in einem alternden Unternehmen Produktivität und Kapazität erhalten bleiben und sogar noch gestärkt werden. Die Erfüllung der damit verbundenen Führungsaufgaben und Führungsrollen gestaltet sich in unserer neuen alternden Arbeitswelt als äußerst schwierig und komplex. Bereits heute schon stehen Führungskräfte und Personalmanager vor ganz neuen Herausforderungen, die sich in Zukunft auch noch verschärfen werden (siehe Textbox: „Neue alternde Arbeitswelt, neue Führungsherausforderungen").

Neue alternde Arbeitswelt, neue Führungsherausforderungen

Führen – angesichts der neuen Urgenz einer alten Verantwortung
Führungskräfte müssen, angesichts der immer längeren Erwerbsphasen und der schrumpfenden Arbeitsmärkte, ihre immer weniger und älter werdenden Mitarbeiter langfristig ans Unternehmen binden und ihre Arbeits-/

Leistungs fähigkeit sowie -zufriedenheit viel länger erhalten als früher; sie müssen deshalb ihren Mitarbeitern das lebenslange Gesund-, Qualifiziert- und Motiviert-Bleiben ermöglichen. Denn länger leben heißt nicht nur länger arbeiten, sondern auch länger lernen (Weiterbildung) und gesundbleiben (Gesundheitsförderung). Das klassische Arbeitsmodell „Ausbildung, Arbeit, Führung, Pension" wird einer permanenten Parallelität aus Lernen/Arbeiten/Erholen weichen.

Führen – angesichts Alterspannen von 50 Jahren & 5 Generationen unter einem Dach

Führungskräfte müssen nicht nur Mitarbeiter unterschiedlicher Altersgruppen und Generationen führen, sondern auch ihre Zusammenarbeit organisieren; außerdem werden Abteilungsgesichter nicht nur älter, sondern auch weiblicher. Doch diese unterscheiden sich stark in ihren Bedürfnissen, Werten, Einstellungen sowie in Verhalten und Fähigkeiten; schließlich denkt, fühlt und handelt jedes Alter, jede Generation und jedes Geschlecht anders. Die resultierenden, unterschiedlichen Ansprüche werden zunehmend „offensiv" an die Führungskraft gestellt: Ältere sind anders zu motivieren, zu qualifizieren und gesund zu erhalten als Jüngere; dasselbe gilt für die unterschiedlichen Generationen und Geschlechter. Außerdem verursachen diese verschiedenen Denk- und Arbeitsweisen sowie Vorurteile nicht selten (offene oder verborgene) Spannungen; alters-, generationen- und geschlechtsbedingte Konflikte am Arbeitsplatz steigen (*Clash of Generations?*).

Führen – angesichts sich auflösender alter Arbeitsmodelle und Konventionen

Führungskräfte müssen führen, und zwar in einem sich verschärfenden Wertekampf und ohne alter Hackordnung: Pflicht- und Disziplinwerte sind umkämpft und werden durch Selbstentfaltungs- und Autonomiewerte. Chef werden, Karriere machen und viel Geld verdienen ist nicht mehr „das ganze Leben". Das erfüllte Leben neben der Arbeit, d. h. Familie und Freunde sowie Freizeit und Hobbies, wird immer wichtiger. Sinnstiftung und Zeit statt Geld ist die Devise; Work-Life-Balance und Sabbaticals sind die neuen Gehälter. Deshalb werden auch aus Vollzeit-Belegschaften zunehmend Teilzeit-Belegschaften. Auch arbeitet man liebsten im Team, ist lieber Stellvertreter als Chef, und das am besten zu zweit. Organisationsklassiker wie Senioritätsprinzip rufen bei den Jungen nur noch Staunen bis Entsetzen hervor, und die „Traditionalisten" verstehen die Welt nicht mehr. Außerdem sind Führungskräfte meist um einiges jünger als ihre Mitarbeiter.

Führen – angesichts eines immer flexibleren, digitaleren, beschleunigteren Arbeitens

Führungskräfte müssen führen, obwohl ihre Mitarbeiter, wie auch sie selbst, zunehmend autonom und unabhängig von Ort und Zeit arbeiten, und zwar auch immer mehr in Netzwerken statt in Hierarchien und Abteilungen. Außerdem beschleunigt sich auch das Arbeiten und damit das Führen: pro Zeiteinheit passiert viel mehr als früher. Denn die dynamische Digitalisierung löst konventionelle Arbeitsstrukturen weiter auf und Arbeitsinhalte verändern sich weiter Richtung Informations-, Wissens- und Kommunikationsarbeit. Die Produktivität dieser Art zukünftiger Arbeit ist dann allerdings getrieben von der Performanz zersplitterter, diverser Teams und Einheiten. Drastisch gestiegen ist auch die Fluktuation: es kommen und gehen jährlich viel mehr Mitarbeiter als früher.

Führungskräfte altern auch Doch es darf nicht vergessen werden, dass Führungskräfte nicht nur mit dem Altern ihrer Mitarbeiter, sondern auch mit ihrem eigenen Altern konfrontiert sind. Auch Führungskräfte müssen ihr neues langes Leben und Arbeiten aktiv planen und gestalten – insbesondere die „dritte" berufliche Zukunft, den Übergang in den Ruhestand und die nachberufliche Tätigkeit, und dabei individuelle Bedürfnisse, Ziele und Perspektiven der verschiedenen Lebens- und Berufsphasen berücksichtigen (siehe Textbox: „Führungskräfte altern auch: Individuelle Herausforderungen").

Führungskräfte altern auch: Individuelle Herausforderungen

- viel länger leben
- viel länger arbeiten
- in sich immer schneller verändernden Umwelten leben und arbeiten
- mit immer weniger, immer älter werdenden Menschen leben und arbeiten
- mit viel mehr Generationen gleichzeitig leben und arbeiten
- aus einem viel längeren Berufsleben ausscheiden
- viel länger im Ruhestand sein
- im Alter „noch ältere" Menschen pflegen
- von immer weniger Jüngeren unterstützt werden müssen
- in einer viel längeren Lebensphase hoher Verletzlichkeit leben (Hochaltrigkeit)
- viel häufiger in viel schwierigeren Verlust- und Grenzsituationen leben
- und schließlich der Umgang mit Sterben und Tod

Exkurs: Altern macht Angst Erschwerend hinzukommt, dass Altern, wie kaum ein anderes gesellschaftliches Thema, mit vielen Tabus, Vorurteilen sowie Mutmaßungen und Befürchtungen besetzt ist. Der US-amerikanische Finanzinvestor George Soros hat diese Dramatik auf den Punkt gebracht, als er sagte: *„Älterwerden gilt als Peinlichkeit und Sterben als Scheitern"*. Tatsächlich macht Altern den meisten Menschen schlichtweg Angst. Sie wissen, dass es verändert, aber sie wissen nicht wie. Die meisten fühlen sich ihrer „biologischen Uhr" ohnmächtig ausgeliefert (siehe Textbox: „Altern: Die häufigsten Ängste und Tabus)".

Altern: Die häufigsten Ängste und Tabus

- Körperliche Veränderungen, Verlust der Attraktivität
- Einbußen in Wahrnehmung, Motorik
- Erkrankungen und Schmerzen
- Verlust des Gedächtnisses, Demenz
- Abnahme der Leistungsfähigkeit
- Veränderungen der Sexualität
- Verlust der Mobilität
- Abhängigkeit von der Hilfe anderer
- Verlust der Unabhängigkeit
- Pflegebedürftigkeit
- Verlust des Partners
- Alleinsein und Einsamkeit
- Sozialer Abstieg und Altersarmut
- Sterben und Tod

Das spielt in keinem anderen Lebensbereich so eine ausgeprägte Rolle wie im Arbeitsleben, wo es nur eine relativ kurze Phase zu geben scheint, in der Menschen vermeintlich das „richtige Alter" haben. Das bemerkte schon der Staatsphilosoph Charles Montesquieu trefflich: *„Es ist wenig Zeit zwischen der Zeit, wo man zu jung und der, wo man zu alt ist."* Außerdem passen solche Ängste überhaupt nicht in das Bild der zupackenden, entscheidungsfreudigen und selbstbewussten Führungskraft. Und obwohl kaum jemand über Versagens-, Existenz- und eben Alterns-Ängste spricht, werden auch hochrangige Manager davon geplagt.

Zukunft unseres Alterns ist Führungssache Angesichts dessen werden deshalb die Unternehmen am erfolgreichsten sein, deren Führungskräfte das Altern pro-aktiv „bei den Hörnern packen" und managen. Wer Altern managed, gewinnt. Das eigene Altern und das Altern der Mitarbeiter erfolgreich zu führen bzw. zu fordern und fördern ist eine Schlüsselqualifikation im Management des 21. Jahrhunderts. Denn die Arbeits- und Leistungsfähigkeit sowie -zufriedenheit jeder einzelnen Führungskraft und ihrer Mitarbeiter werden in unserer neuen alternden Arbeitswelt immer kostbarer. Auf Führungskräften lastet dabei eine doppelte Verantwortung: Sie müssen Manager in eigener Alterns-Sache sein und in der Alterns-Sache ihrer Mitarbeiter – für nachhaltigen persönlichen, unternehmerischen sowie gesellschaftlichen Erfolg im demografischen Wandel.

Lösung: Altern zur Chefsache machen

2

2.1 Altersförderliche Führung: Die Basics

Psychologie des Alterns für Führungskräfte Ein effektives Führen im demografischen Wandel berücksichtigt das Altern im Arbeitsleben. Dazu brauchen Führungskräfte und Personalmanager ein fundiertes Wissen über die Psychologie des Alterns. Warum? Denn im demografischen Wandel geht es letztlich ums individuelle Altern. Und Altern ist ein höchst sensibler, primär psychologischer Veränderungsprozess. In erster Linie sind es psychologische Faktoren, die die vermeintlich rein körperlichen und sozialen Veränderungen des Alterns beeinflussen. Altern wird primär im Kopf bestimmt, wie bereits Mark Twain trefflich bemerkte: *„Age is an issue of mind over matter."* Außerdem sagt uns die Psychologie des Alterns, was Altern überhaupt ist bzw. was wir unbedingt wissen und auch können sollten, um die existenzielle Herausforderung Altern und seine neuen Anforderungen individuell und im Unternehmen erfolgreich zu bewältigen. Ihre wesentlichen Erkenntnisse aus Wissenschaft und Praxis lassen sich in sechs Schlüsselerkenntnissen zusammenfassen (siehe Textbox: „Was ist Altern? Die sechs Schlüsselerkenntnisse der ‚Psychologie des Alterns‘").

© Springer Fachmedien Wiesbaden 2014
S. Schuett, *Führung im demografischen Wandel*, essentials,
DOI 10.1007/978-3-658-07687-0_2

Was ist Altern? Die sechs Schlüsselerkenntnisse der „Psychologie des Alterns"

1. Altern ist lebenslange Veränderung

Altern ist ein lebenslanger Veränderungs- bzw. Entwicklungsprozess, der mit der Geburt beginnt und mit dem Tod endet. Es gelten die Prinzipien Wachstum, Reifung, Lernen. Der englische Begriff für das Altern bzw. Älter- und Altwerden drückt dies viel besser aus als unsere deutschen Begrifflichkeiten: „*growing older, growing old*", was so viel heißt wie „älter wachsen, alt wachsen".

2. Altern ist multi-dimensional

Beim Altern verändert sich nicht nur das Biologisch-Körperliche, sondern auch das Soziale.

Primär verändert sich das Psychische; im Laufe des Lebens verändert sich nichts so stark wie das Gehirn und seine psychischen Funktionen: Verhalten, Fähigkeiten, Kognition (Wahrnehmung, Aufmerksamkeit, Lernen/ Gedächtnis, Erfahrungs-, Expertenwissen, Denken, Problemlösen, Planen, Kreativität, Sprache), Emotion und Motivation (Zufriedenheit, Werte, Einstellungen, Bedürfnisse) sowie Motorik und Persönlichkeit.

3. Altern ist multi-direktional

Die „Richtungen" dieser Veränderungen sind nicht nur Abbau und Verlust, sondern auch Zunahme und Gewinn, und sie unterscheiden sich zwischen den einzelnen biologisch-körperlichen, sozialen und psychischen Funktionsbereichen.

Altern ist eine „lebenslange Gewinn-Verlust-Bilanz", und zwar in allen Bereichen.

4. Altern ist multi-determiniert und lebenslang beeinflussbar

Altern ist kein rein biologisch-natürlicher, automatischer Vorgang.

Zwar nicht *dass* wir altern, aber *wie* wir altern, wird von vielen verschiedenen Faktoren, die in einem selbst und auch in der Umwelt liegen, beeinflusst; so altert man z. B. je nach Gesellschaft, Kultur, Land, in der/dem man lebt, anders als in anderen Gesellschaften, Kulturen und Ländern; auch jede Generation altert anders; und auch Frauen und Männer altern anders. Doch Altern ist kein rein biologisches oder soziales Schicksal.

Altern kann von jedem Einzelnen (im Zusammenspiel mit seiner Umwelt) beeinflusst werden (Plastizität). Denn die zentralen Stellschrauben des Alterns sind psychische Faktoren: wie wir uns verhalten bzw. denken, fühlen, handeln bestimmt (im Positiven wie im Negativen) maßgeblich, wie wir altern (und damit auch die biologisch-körperlichen, sozialen Veränderungen des Alterns) – und zwar „von Anfang an, ein Leben lang, bis ins höchste Alter".

5. Altern ist unabhängig vom Alter
Das kalendarische Alter sagt deshalb wenig aus über biologisch-körperliche, soziale und psychische Funktionsfähigkeit; es kommt nicht darauf an, „wie *alt*" man wird, sondern „*wie* man alt wird"!
Auch ab welchem Lebensalter wir als „alt" gelten, ist abhängig von gesellschaftlichen Konventionen (meist mit Erreichen des Rentenalters).

6. Altern ist individuell und vielfältig
Altern ist ein höchst individueller Veränderungsprozess und deshalb sehr heterogen. Die Alternspsychologie hat über 100 Alternsformen identifiziert; in keinem Lebensabschnitt unterscheiden sich die Menschen so stark wie nach dem 60. Geburtstag:
„Jeder altert anders" & „Altern hat viele Gesichter"

Altern ist also keine generelle Leistungsabnahme, sondern eine Leistungswandlung. Was sich über die Lebensspanne verändert, sind unsere Stärken und Schwächen, d. h. die Dinge, die uns leichter fallen und die wir besonders gut können, aber auch die Dinge, die uns schwerer fallen. In jungen Jahren haben wir andere Stärken und Schwächen als in höheren Lebensjahren, aber wir haben in jedem Lebensalter immer Stärken *und* Schwächen. Für unser Arbeitsleben bedeutet dies, dass wir im Laufe des Lebens eben nicht unproduktiver bzw. arbeits-/leistungsunfähiger werden, weil wir kränker, unqualifizierter, unmotivierter und unzufriedener werden. Im Gegenteil, ältere Menschen sind grundsätzlich genauso produktiv, arbeits- und leistungsfähig wie jüngere Menschen, nur anders (siehe Textbox: „Alternde Belegschaften: Was verändert sich wirklich und wie?").

Alternde Belegschaften: Was verändert sich wirklich und wie?

Was sich mit dem Altern verbessert
- Erfahrungswissen, Lebenswissen, Weisheit: Fakten- und Strategiewissen über das Leben; Wissen über die zeitlichen, lebensweltlichen Kontexte von Lebensproblemen; Wissen um die Relativität von Werten, Zielen; Fähigkeit mit den Unsicherheiten, Ungewissheiten des Lebens umzugehen

- Berufliches Fakten-, Handlungswissen, Expertenwissen
- Verantwortungsbewusstsein und -übernahme, Qualitätsbewusstsein
- Zuverlässigkeit, Pflichtbewusstsein, Disziplin, Loyalität/Bindung, Selbständigkeit
- soziale, emotionale, kommunikative Kompetenzen (Kooperations-, Konsens-, Team-, Konfliktfähigkeit; Empathie, Menschenkenntnis; Sachlichkeit und geringe Eigenbetroffenheit)
- Widerstandsfähigkeit, emotionale Stabilität, Ausgeglichenheit, Gelassenheit, Toleranz
- Realistisch-strategische Problemlösekompetenz, Urteils-, Entscheidungsfähigkeit; Handlungs- und Entscheidungsökonomie; Sinn für das „Machbare"; Einschätzung der eigenen Fähigkeiten
- (Arbeits-)Zufriedenheit; sinkende Fehlzeiten und Fluktuation
- Geringere Belastung durch Probleme im privaten Bereich

Was sich mit dem Altern verschlechtert (aber kompensiert, trainiert werden kann)
- Körperliche Leistungsfähigkeit und Belastbarkeit; ab 30 (!): Muskelmasse, -kraft, Feinmotorik, Geschicklichkeit, Gleichgewicht, Ausdauer, Beweglichkeit, Sauerstoffaufnahme ($\sim 1\%$ p.a.)
- Wahrnehmungs-, Reaktions-, Informationsverarbeitungsgeschwindigkeit; kognitive Flexibilität; Aufmerksamkeit; Kurzzeitgedächtnis
- Lern-, Weiterbildungsbereitschaft
- Was zunehmend schwerer fällt: schwere körperliche Arbeit, Arbeit unter extremen Umgebungseinflüssen, Zeit- und Leistungsdruck, fremdbestimmtes Arbeitstempo, Arbeit ohne Erholungsmöglichkeiten

Was sich mit dem Altern qualitativ verändert
- Arbeitsmotivation: Karriere- und Aufstiegsorientierung sinkt und zunehmend wichtiger werden Wertschätzung bzw. Anerkennung der Arbeitsleistung, Erfahrung, Weitergabe von Wissen, Identifikation mit einer sinnvollen Aufgabe, Wohlbefinden und Arbeitsklima, soziale Kontakte, aber auch Autonomie, Selbständigkeit und Flexibilität betreffend Inhalte und Organisation der Arbeitstätigkeit
- Lern- und Anpassungsfähigkeit bleibt konstant, aber die Art des Lernens und der Anpassung verändert sich

Alternsförderliche Führung: 7 Grundsätze Alternsförderliche Führung ist eine Antwort auf die vielfältigen Herausforderungen der neuen alternden Arbeitswelt.

Dabei handelt es sich jedoch weder um einen einheitlichen Führungsstil, noch um ein Allheilmittel für alle Führungssituationen. Dafür ist unser neues Altern viel zu komplex, viel zu differenziert und viel zu individuell. Noch dazu hat ja jede Führungskraft ihren eigenen individuellen Führungsstil sowie spezifische Arbeitswerte und Arbeitsweisen, die außerdem auch zur jeweiligen Unternehmenswelt und -philosophie passen müssen. Trotzdem lassen sich Grundsätze und effektive Verhaltensweisen formulieren, die eine Führungskraft bei der Mitarbeiterführung in der neuen alternden Arbeitswelt beherzigen und beherrschen sollte. Ziel ist jedenfalls die langfristige Gesunderhaltung, Qualifizierung und Motivierung der Mitarbeiter im Unternehmen (siehe Textbox: „Die 7 Grundsätze der alternsförderlichen Führung").

Die 7 Grundsätze der alternsförderlichen Führung

1. Orientierung an der Realität des Alterns („Jedes Alter hat Stärken *und* Schwächen")
Alternsförderliche Führung macht nicht nur „Fürsorge" für vermeintlich unterstützungsbedürftige alternde bzw. ältere Mitarbeiter, sondern orientiert sich an ihren Stärken und Potenzialen sowie überhaupt an den Chancen und Gestaltungsmöglichkeiten des Alterns. Außerdem kennt, er-kennt und berücksichtigt sie die alternsspezifischen (und damit auch generationen- und geschlechtsspezifischen) Bedürfnisse und Erwartungen sowie Motive, Werte und Einstellungen der Mitarbeiter. Alternsspezifische Stärken, Potenziale und Chancen werden genutzt und gefördert; alternsbedingte Schwächen, Risiken und Defizite werden verhindert und kompensiert. Dementsprechend werden auch Vorurteile sowie negative und positive Altersdiskriminierungen (*ageism*) vermieden und bekämpft; die Führungspraxis ist (alterns-) vorurteils- und diskriminationsfrei und somit alterns-fair. Die neue Realität des Alterns erfordert auch die Entwicklung einer neuen Kultur des längeren Arbeitens und, damit einhergehend, auch des längeren Lernens und Freizeitmachens.

2. Orientierung am Individuum („Jeder altert anders")
Im Fokus der alternsförderlichen Führung steht immer eine individuelle Betrachtung der alternden bzw. jüngeren und älteren Mitarbeiter; sie stellt den Menschen konsequent in den Mittelpunkt. Sie berücksichtigt die individuellen Lebens- und Berufsphasen, Berufsbiografien sowie Lebensumstände in sämtlichen Unternehmensprozessen (d. h. in allen Bereichen des Personalmanagements, der Führung und Arbeitsorganisation, etc.) und verknüpft sie mit dem zu erreichenden Ziel bzw. der Vision des Unternehmens. Es geht

immer um den einzelnen Menschen und darum, seine Arbeits- und Leistungsfähigkeit sowie -zufriedenheit zu erhalten und zu fördern, aber auch um neue Chancen zu eröffnen, seine Potenziale gemäß seinen Bedürfnissen zu fördern. Im Sinne von Diversity-Management geht es auch um die gewinnbringende Berücksichtigung und Nutzung der Vielfalt und Heterogenität der Unternehmensangehörigen im Hinblick auf das Alter(n) (insb. unterschiedliche Berufs- und Lebenserfahrungen, Sichtweisen, Kompetenzen, etc.).

3. Orientierung an Wertschätzung („Jedes Alter zählt")
Alternsförderliche Führung erkennt die aktuellen und zukünftigen Kompetenzen, Leistungen und Verdienste aller Mitarbeiter jeden Alters (auch, und vor allem, kurz vor der Rente!), jeder Generation und jeden Geschlechts an und schätzt sie als wertvolle Beiträge zum Unternehmenserfolg wert. Alternsbedingte Unterschiede werden nicht als Nachteil sondern als Stärken betrachtet und strategisch genutzt. Es geht also um das Leben und Er-leben einer ernst gemeinten, anerkennenden und wertschätzenden (und dadurch wertschöpfenden) Führungskultur. Im gegenseitigen Umgang miteinander werden alternsspezifische Schwächen ebenso akzeptiert und gemeinsam bewältigt, wie alternsspezifische Stärken wertgeschätzt und gemeinsam gefördert werden; außerdem begegnen Führungskräfte und Mitarbeiter der verschiedenen Altersgruppen, Generationen und Geschlechter einander mit Respekt.

4. Orientierung an Inklusion („Jeder wird mal alt")
Diese Anerkennung und Wertschätzung schließt also alle Alter (wie auch alle Generationen und Geschlechter) ein. Es herrscht eine alternsinkludierende Führung, die die Trennung zwischen Alt und Jung aufhebt und die Chancengleichheit Älterer und Jüngerer fördert und alle unterstützt – im Sinne einer Antwort auf die komplette Alterns-Vielfalt aller Mitarbeiter. Eine alternsinkludierende Führung beschränkt sich auch nicht nur auf die Integration und Förderung der heute älteren Mitarbeiter. Schließlich werden alle einmal alt: die heute Jüngeren sind keine anderen als die morgen Älteren. Da Altern alle angeht, erstreckt sich die alternsförderliche Führung auf alle Mitarbeiter, angefangen mit den Auszubildenden, über die Mitarbeiter im mittleren und höheren Alter, bis hin zu denjenigen, die kurz vorm Ruhestand stehen oder die bereits im Ruhestand sind (Unternehmen werden zukünftig, vor allem je mehr sich der demografische Wandel zuspitzt, verstärkt auf deren Wissen und Arbeitskraft zurückgreifen müssen). Entscheidend dafür ist auch die Förderung alternsgemischter Zusammenarbeit, in der sich Jüngere und Ältere nicht als Konkurrenz, sondern als einander ergänzende Kräfte erleben, die es zu nutzen gilt.

5. Orientierung an der Verantwortung des Alterns („Altern geht uns alle an")

Alternsförderliche Führung macht aus dem Altern eine gemeinsame Gestaltungsaufgabe, für die nicht nur jeder Einzelne sondern auch das Unternehmen (mit-)verantwortlich ist. Es geht um die Forderung und Förderung der Eigen- und Mitverantwortung aller Altersgruppen (wie auch aller Generationen und Geschlechter). Schließlich ist jeder betroffen: zwar altert jeder anders, aber jeder altert, und jeder will alt werden. Damit ist jeder verantwortlich für sein eigenes Altern, aber auch für das gemeinsame Altern im Unternehmen. Jeder ist in einer Eigen- und Mitverantwortung für den lebenslangen Erhalt, Förderung und Einsatz seiner (alternsbedingten) Stärken und Potenziale sowie für die Prävention seiner (alternsbedingten) Schwächen und Risiken. Das Unternehmen und vor allem seine Führungskräfte sind in einer Mitverantwortung für das Altern des Einzelnen, des Unternehmens und der Gesellschaft – aus betriebswirtschaftlichen aber auch aus sozial-ethischen Gründen (im Sinne einer „*Corporate Ageing Responsibility*"). Sie schaffen die entsprechenden Rahmenbedingungen für erfolgreiches Altern am Arbeitsplatz.

6. Orientierung an Unterstützung und Vertrauen(„Altern heißt unterstützen und vertrauen")

Alternsförderliche Führung ist auch eine kollegiale, partnerschaftliche und unterstützende Haltung. Mitarbeiter jeden Alters (und auch jeder Generation und jedes Geschlechts) leben und er-leben soziale Unterstützung. Damit sind primär die kollegiale Beratung und auch die gegenseitige Unterstützung sowie konkrete Hilfeleistungen gemeint, insbesondere zur Bewältigung kritischer Situationen, aber auch zur Meisterung und Gestaltung des Alterns am Arbeitsplatz. Alternsförderliche Führung schafft Vertrauen. Dafür braucht es viel Offenheit, Kommunikation und eine aktive Gesprächskultur, in der jeder seine Interessen, Anliegen und Wünsche, aber auch Unstimmigkeiten, Sorgen und Beschwerden mit Kollegen und Vorgesetzten offen, sachlich und vertrauensvoll an- und aussprechen kann – und dabei ernst genommen wird. Dafür muss viel und persönlich miteinander gesprochen werden, vor allem zwischen Jung und Alt. Außerdem braucht es dafür auch eine Kultur der konstruktiven Konfliktregelung, die Unterschiede und Konkurrenzen, aber auch Kompromisse, zwischen den verschiedenen Altersgruppen, Generationen und Geschlechtern zulässt.

7. Orientierung am lebenslangen Lernen und Gesundheit („Altern heißt lernen und gesund bleiben")
Angesichts der immer längeren Erwerbsphasen ermöglicht eine alternsförderliche Führung auch das (arbeits-) lebenslange Lernen und Gesundbleiben der Mitarbeiter im Unternehmen. Sie kommt damit der neuen Urgenz einer alten Verantwortung nach, und zwar einer unternehmensseitigen, aber auch einer personalseitigen Verantwortung: Lernen bzw. Weiterbildung (im Sinne von Beschäftigungsfähigkeits-Management) sowie Gesundbleiben sind zentrale Pfeiler der Alternsmeisterung, vor allem am Arbeitsplatz; sie sind deshalb nicht nur Recht, sondern auch Pflicht – und zwar ein ganzes (Arbeits-) Leben lang, in jedem (Arbeits-)Lebensalter, auch, und vor allem, in den letzten Erwerbsjahren. Lernen und gesund leben muss für alle Lebensalter selbstverständlich werden. Schließlich ist Altern lebenslange Veränderung und Entwicklung, und damit auch lebenslanges Lernen und Gesundbleiben. Deshalb wird über kurz oder lang auch das klassische Arbeitsmodell „Ausbildung, Beruf, Ruhestand" einer permanenten Parallelität aus Lernen, Arbeiten und Erholen weichen. Somit ist eine alternsförderliche Führungskultur auch eine Lernkultur. Diese braucht unbedingt eine gesunde Fehlerkultur im Sinne einer Kultur des Ausprobierens und Fehlermachens (Fehler sind erlaubt!), die geprägt ist von einer grundlegenden Offenheit für Neues und Anderes.

Die vier Rollen der alternsförderlichen Führung Alternsförderliche Führung heißt auch, dass Führungskräfte in ihrer Führungsarbeit vier spezifische Rollen ausfüllen: Im demografischen Wandel sind Führungskräfte 1) Alterns-Vorbilder (siehe 3.2), 2) Alterns-Gestalter (siehe 3.3), 3) Alterns-Konfliktmanager (siehe 3.4), aber auch 4) Alterns-Manager in eigener Sache (siehe 3.5).

2.2 Führungskräfte als Alterns-Vorbilder

Was der „Leithirsch" denkt, sagt und macht, zählt noch viel mehr im demografischen Wandel. Albert Schweitzer hat die Bedeutung der Vorbildfunktion einer Führungskraft auf den Punkt gebracht: *„Ein Beispiel zu geben ist nicht die wichtigste Art, wie man andere beeinflusst. Es ist die einzige."* Die Macht des Vorbilds wird häufig unterschätzt; jedoch ist sie eine wesentliche, wenn nicht sogar *die* Einflussgröße für das Verhalten der alternden Mitarbeiter. Denn letzten Endes zählt das bzw. wird das getan, was die Führungskraft übers Altern sagt, was sie selbst für ein erfolgreiches Altern tut und wie sie Altern (vor-)lebt. Mitarbeiter schauen immer auf ihren Vorgesetzten und orientieren sich an seinen Worten bzw. viel mehr noch an seinem Verhalten. Ob sie es wollen oder nicht, Führungskräfte sind im Arbeitsalltag automatisch Alterns-Vorbild; deshalb sollten sie nicht nur entsprechend handeln, sondern die Einfluss- bzw. Gestaltungsmacht auch nutzen. Wenn z. B. Führungskräfte ihre Mitarbeiter zur Teilnahme an einem Alterns-Seminar animieren möchten, dann sollten sie, natürlich für alle sichtbar, selbst daran teilnehmen; mit gutem Beispiel voranzugehen ist nach wie vor eine ziemlich effektive Methode der Einflussnahme: es überzeugt die Mitarbeiter, legitimiert bzw. „erlaubt" ein bestimmtes Alterns-Verhalten und animiert „zum Nachmachen". Besonders wirkungsvoll ist es, wenn das Top-Management das individuelle und betriebliche Management des Alterns nicht nur initiiert, sondern auch vorlebt und selbst Gebrauch von den, meist optionalen, demografieorientierten Maßnahmen macht. Genau dieses (Vor-)Leben ist es auch, das kulturelle Veränderungen in Gang setzt.

2.3 Führungskräfte als Alterns-Gestalter

Führungskräfte leben nicht nur das erfolgreiche Altern am Arbeitsplatz vor, sondern gestalten auch das erfolgreiche Altern ihrer Mitarbeiter. Führungskräfte schon allein deshalb Alterns-Gestalter, weil sie die Arbeits-Gestalter ihrer Mitarbeiter sind: sie sind zuständig für die Arbeitsabläufe, die Zuteilung von Arbeitsaufgaben und die Arbeitsmenge. Und wir alle wissen: Arbeit kann nicht nur krank machen, sondern sich auch auf die Qualifikation und Motivation, und damit auf das Altern auswirken. Unsere Arbeit bestimmt, wie wir altern. Deshalb ist Alternsförderliche Führung auch Alterns-Gestaltung im Sinne einer alternsförderlichen Arbeits-Gestaltung. Damit Arbeiten gesund erhält, qualifiziert und motiviert, gilt für Führungskräfte, insbesondere den Arbeitsplatz und Arbeitsinhalt sowie Arbeitszeit und Arbeitsflexibilität alternsförderlich zu gestalten; besonders wichtig ist dabei, jegliche Art von Über- und Unterforderung der Mitarbeiter zu vermeiden (jedoch ist Über-/Unterforderung individuell sehr unterschiedlich!). Erhalt und Steigerung der Arbeits-/Leistungsfähigkeit der Mitarbeiter durch eine entsprechende Arbeitsgestaltung, ist eine klare Führungsaufgabe. Dazu gehören natürlich auch die alternsförderliche Gestaltung der Kommunikation und sozialen Interaktion am Arbeitsplatz sowie das Ermöglichen von Partizipation, aber auch die Gestaltung der Zusammenarbeit untereinander. Alternsförderliche Führung heißt auch, dass Führungskräfte ihre Mitarbeiter auf dem Weg zum erfolgreichen Altern unterstützen: „*(Alterns-)Führung ist an die Hand nehmen, ohne festzuhalten und loslassen, ohne fallen zu lassen*" (Wilma Thomalla). Vorgesetzte sind nicht nur verantwortliche Organisatoren und Auftraggeber von Arbeitsaufgaben, sondern werden von ihren Mitarbeitern auch als „*Menschen*" in anderen (persönlichen) Angelegenheiten aufgesucht. Führungskräfte wirken durch ihr zwischenmenschliches Verhalten und ihre Art zu kommunizieren direkt auf ihre Mitarbeiter ein: sie hören zu, beraten, ermutigen, begleiten und unterstützen (was sich auch positiv auf die Gesundheit, Motivation und Zufriedenheit auswirkt). Da die „Alterns-Sache" eine „Vertrauens-Sache" ist, geht es auch um den Aufbau eines besonderen Vertrauensverhältnisses. Vertrauen führt! Für den Aufbau eines Vertrauensverhältnisses braucht es viel Kommunikation und eine aktive Gesprächskultur, in der Mitarbeiter ihre Anliegen und Wünsche, aber auch Sorgen, Beschwerden und Tabuthemen mit ihrem Vorgesetzten sachlich und vertrauensvoll besprechen können: es muss viel und persönlich miteinander gesprochen werden. Mit dem sensiblen Thema des Alterns und seinen vielfältigen persönlichen beruflichen und privaten Aspekten muss dabei behutsam umgegangen werden. Das wahrscheinlich wichtigste Führungsinstrument bzw. Methode für Führungskräfte ist das Mitarbeiter- oder Entwicklungsgespräch (*„Alterns-Gespräch"*), das konsequent und regelmäßig über die gesamte Erwerbslaufbahn geführt werden sollte.

2.4   Führungskräfte als Alterns-Konfliktmanager

Bei der alternsförderlichen Führung geht es nicht nur darum, den verschiedenen Altersgruppen, Generationen und Geschlechtern, mitsamt ihren unterschiedlichen Bedürfnissen, Werten, Einstellungen sowie Stärken und Schwächen, gerecht zu werden, sondern auch um ihr Verhältnis zueinander und damit ihre Zusammenarbeit. Denn vor allem in alternsgemischten Teams gilt: „*Menschen, die miteinander zu schaffen haben, machen einander zu schaffen*" (Friedemann Schulz von Thun). Die Integrations- bzw. Inklusionsarbeit der Führungskräfte besteht darin, den Zusammenhalt ihrer Mitarbeiter in alternsgemischten Teams zu stärken und die Produktivität der Gruppe zu erhöhen. Es geht um die Überwindung von Unterschieden – durch den Ausbau von Kooperation und den Abbau von Konfrontation; die vermeintlich „natürlichen" Konflikte alternsgemischter Teams sinken und die Effizienz und Qualität der Zusammenarbeit, das Teamklima sowie Motivation und Zufriedenheit unter den Mitgliedern steigt. Führungskräfte machen also auch alternsförderliche Teamentwicklung: sie übertragen der Gruppe eine gemeinsame Aufgabe bzw. setzen ihr ein klar formuliertes Ziel, wofür sie die Gruppe begeistern; entscheidend ist, jeden individuellen Beitrag (bzw. individuelle Kompetenz) zur Zielerreichung herauszustellen und deutlich zu machen: unsere unterschiedlichen Kompetenzen ergänzen sich und machen mehr ((*„Das Ganze ist mehr als die Sum-*

me seiner Teile" (Aristoteles)), die Aufgabe kann nur gemeinsam bewältigt werden, keiner ist entbehrlich und jeder zählt. Das gemeinsame Interesse übertrumpft latente Konflikte und Vorurteile. Führungskräfte sind auch alternsförderliche Konflikt-Manager, denn offene Konflikte müssen natürlich direkt angesprochen und gelöst werden. Außerdem sorgen Führungskräfte für den Abbau bestehender Vorurteile, die Entwicklung gemeinsamer Werte und Überzeugungen sowie für einen permanenten Erfahrungs- und Wissensaustausch zwischen den Mitarbeitern unterschiedlichen Alters, Generationen und Geschlechts. Für das Gelingen der immer häufiger werdenden Ausnahme *„Jung führt Alt*" ist gegenseitige Wertschätzung, Vertrauen und Kooperation, und natürlich Geduld auf beiden Seiten, das A und O.

2.5 Führungskräfte als Alterns-Manager in eigener Sache

Last but not least sind Führungskräfte nicht nur Alterns-Manager ihrer Mitarbeiter, sondern auch Alterns-Manager in eigener Sache. Auf Führungskräften lastet eine doppelte Verantwortung; schließlich altern sie ja auch selber. Sie müssen nicht nur für ihre Mitarbeiter, sondern auch für sich selbst zusehen, dass sie länger gesund, qualifiziert und motiviert bzw. arbeits-/leistungsfähig und -zufrieden bleiben. Denn auch Führungskräfte selber leben und arbeiten viel länger als jede Generation zuvor und müssen ihr neues langes Leben und Arbeiten aktiv planen und gestalten – insbesondere ihre „dritte" berufliche Zukunft, den Übergang in den Ruhestand und die nachberufliche Tätigkeit, und dabei ihre individuellen Bedürfnisse, Ziele und Perspektiven der verschiedenen Lebens-/Berufsphasen berücksichtigen. Ihre erfolgreiche Altersmeisterung ist die Basis für eine erfolgreiche alternsförderliche Führung. Denn nur eine gesunde, qualifizierte und motivierte bzw. arbeits- und leistungsfähige und zufriedene Führungskraft kann auch gute alternsförderliche Führungsarbeit leisten. Doch, so Peter Drucker trefflich, *„nur wenige Menschen sehen ein, dass sie letztendlich nur eine einzige Person führen können und auch müssen. Diese Person sind sie selbst*" (siehe Kap. 1, Textbox: „Führungskräfte altern auch: Individuelle Herausforderungen").

Alternsförderliche Führung heißt also auch, dass Führungskräfte über vier verschiedene Führungsrollen auf das Altern im Unternehmen bzw. auf das Altern ihrer Mitarbeiter, ihres Teams einwirken. Als Alterns-Vorbilder, Alterns-Gestalter, Alterns- Konfliktmanager, aber auch Alterns-Manager in eigener Sache führen, fordern und fördern sie die Gesundheit, Qualifikation und Motivation, und damit die Arbeits-/Leistungsfähigkeit bzw. -zufriedenheit ihrer Mitarbeiter und bei sich selbst. Was das konkret bedeutet, zeigt die nachfolgende Textbox „Gesundheitsförderung, Personalentwicklung, Mitarbeitermotivierung: Alles Chefsache".

Gesundheitsförderung, Personalentwicklung, Mitarbeitermotivierung: Alles Chefsache

Gesundheitsförderung ist Chefsache

So führen, fordern und fördern Führungskräfte (FK) die Gesundheit (psychisch wie physisch, denn ohne psychische Gesundheit, keine körperliche Gesundheit) ihrer Mitarbeiter; ein Beispiel:

* Alterns-Vorbild: FK nehmen selbst an betrieblichen Gesundheitsmaßnahmen teil und machen auch mal Pause
* Alterns-Gestalter: FK schaffen ein möglichst belastungsfreies und gesundheitsförderliches Arbeitsumfeld, informieren, motivieren zur Teilnahme an betrieblichen Gesundheitsmaßnahmen
* Alterns- Konfliktmanager: FK sorgen für ein gesundes Team-, Arbeitsklima („Kränkung macht krank")
* Alterns-Manager in eigener Sache: FK sorgen auch für ihre eigene Gesundheit und überfordern sich nicht dauerhaft

Personalentwicklung ist Chefsache

So führen, fordern und fördern Führungskräfte (FK) die Qualifikation ihrer Mitarbeiter; ein Beispiel:

* Alterns-Vorbild: FK nehmen selbst an betrieblichen Weiterbildungsmaßnahmen teil
* Alterns-Gestalter: FK schaffen Lernanreize und bieten formelle/informelle Lernmöglichkeiten an
* Alterns-Konfliktmanager: FK sorgen für eine positive Lernkultur, -klima sowie für Wissensaustausch im Team
* Alterns-Manager in eigener Sache: FK sorgen auch für ihr eigenes lebenslanges Lernen und fachliches Weiterkommen

Mitarbeitermotivierung ist Chefsache

So führen, fordern und fördern Führungskräfte (FK) die Motivation ihrer Mitarbeiter; ein Beispiel:

* Alterns-Vorbild: FK setzen sich und dem Team Ziele, begeistern sich dafür und verfolgen diese nachhaltig
* Alterns-Gestalter: FK ermöglichen Freiräume beim Arbeiten und motivieren durch Anerkennung, Feedback
* Alterns-Konfliktmanager: FK sorgen für Partizipation, motivieren und begeistern das Team für Ziele, Visionen
* Alterns-Manager in eigener Sache: FK berücksichtigen, verfolgen auch ihre persönlichen Berufsziele und Lebensumstände

Alternsförderliche Führung muss entwickelt werden Wie in den Beschreibungen der vier Führungsrollen im demografischen Wandel und auch in den Beispielen der vorherigen Textbox zu erkennen ist, gehört oftmals eigentlich gar nicht so viel dazu, das erfolgreiche Altern der Mitarbeiter zu fördern. Trotzdem kommen mit der neuen alternden Arbeitswelt doch eine ganze Reihe neuer Anforderungen auf Führungskräfte zu, die sie nicht so ohne weiteres „aus dem Ärmel schütteln" können. Führungskräfte bewältigen die neuen Herausforderungen des demografischen Wandels nicht einfach mit links. Für ein effektives Führen im demografischen Wandel braucht es bestimmte Voraussetzungen – und zwar organisationale Voraussetzungen seitens des Unternehmens, sowie personale Voraussetzungen seitens der Führungskraft.

Umsetzung: Führungskräfte alternskompetent machen

3

3.1 Organisationale Voraussetzungen schaffen

Alternsförderliche Führung zur gelebten Praxis machen Im Prinzip geht es bei der Entwicklung der alternsförderlichen Führung darum, die notwendigen Voraussetzungen seitens der Führungskraft (bzw. des Personalmanagers), aber auch seitens des Unternehmens zu schaffen. Einerseits geht es dabei um die organisationalen Rahmenbedingungen der alternsförderlichen Führung. Schwerpunktmäßig geht es jedoch um eine spezifische Personalentwicklung für Führungskräfte, und zwar für alle Führungskräfte sämtlicher Ebenen und Funktionsbereiche in einem Unternehmen („Kompetenzen", d. h. für alternsförderliche Führung sensibilisieren, qualifizieren, motivieren).

Altern zur Top-Management Sache machen Zunächst zu den organisationalen Voraussetzungen bzw. Rahmenbedingungen der alternsförderlichen Führung. Die Entwicklung der alternsförderlichen Führung beginnt damit, dass ein Unternehmen Altern zur Top-Management Sache macht: die Unterstützung des Top-Managements muss speziell für die Entwicklung der alternsförderlichen Führung gesichert werden. Schließlich ist auch das Top-Management Teil der „Zielgruppe Führungskräfte", die ein neues Führungsverständnis entwickeln und zu ihrer gelebten Führungspraxis machen sollen.

Ressourcen bereitstellen Eine weitere organisationale Grundvoraussetzung für eine funktionierende alternsförderliche Führung sind die dafür notwendigen Ressourcen. Schließlich müssen die Führungskräfte ihr alternsförderliches Führungs-

© Springer Fachmedien Wiesbaden 2014
S. Schuett, *Führung im demografischen Wandel*, essentials,
DOI 10.1007/978-3-658-07687-0_3

„Soll" mit den vorhandenen – und auch dafür bereitgestellten – betrieblichen Infrastrukturen, Führungsinstrumenten, demografieorientierten Maßnahmen und Ressourcen auch erfüllen können. Sind seitens des Unternehmens die notwendigen Weichen gestellt, so können Führungskräfte die jeweiligen zur Verfügung gestellten Möglichkeiten nutzen und diese auf die eigenen Bereiche übertragen.

Auftrag von oben und Incentives Außerdem brauchen Führungskräfte auch einen klaren Auftrag „von oben", dass sie das Altern zum Teil ihrer Führungsarbeit machen sollen. Zusätzlich zu diesem Auftrag sollte auch die alternsförderliche Führung in den Führungsleitlinien des Unternehmens verankert werden. Entscheidend ist jedoch, dass es für die Umsetzung dieses Auftrages innerbetriebliches Feedback und Honorierung gibt. Zu empfehlen ist auch die Aufnahme zusätzlicher alternsorientierter Parameter bzw. Kennzahlen in die Management- bzw. Zielvereinbarungssysteme aller Führungskräfte (z. B. Fehlzeiten, Fluktuationsraten, Weiterbildungsquoten, Altersdiversitätsgrade ihrer Mitarbeiter). Natürlich können diese alternsorientierten Kennzahlen nie die ökonomische Kennzahl bei der jährlichen Führungskräfte-Beurteilung ersetzen (und sollten das auch gar nicht). Jedoch werden sich alternsorientierte Kennzahlen ohnehin mittel- und langfristig in den ökonomischen Kennzahlen niederschlagen – Alternsförderliche Führung ist schließlich ökonomische Notwendigkeit.

Führungskräfte alternskompetent machen Wenn die organisationalen Rahmenbedingungen der alternsförderlichen Führung stehen, dann können wir zum Hauptteil der Entwicklung der alternsförderlichen Führung übergehen, nämlich zur spezifischen Personalentwicklung für Führungskräfte. Denn mit der neuen alternden Arbeitswelt kommen doch eine ganze Reihe neuer Anforderungen auf Führungskräfte zu, die sie, wie bereits gesagt, nicht so ohne weiteres „aus dem Ärmel schütteln" können. Für deren Bewältigung müssen Unternehmen ihre Führungskräfte adäquat ausbilden und ihre diesbezügliche Handlungskompetenz erhöhen. Unternehmen brauchen alternsförderliche Führung, um im 21. Jahrhundert zukunftsfähig zu bleiben. Alternsförderliche Führung ist eine drängende Anforderung in unserer neuen, alternden Arbeitswelt – und muss deshalb unbedingt fester Bestandteil des Kompetenzportfolios einer jeden Führungskraft werden. Es geht also um die Entwicklung von alternsförderlichen Führungskompetenzen: Führungskräfte müssen für ihre neue Führungsarbeit entsprechend sensibilisiert, qualifiziert und motiviert werden, damit sie ihrem neuen Führungsselbstverständnis und ihren neuen Rollen gerecht werden können. Die „Alternsförderliche Führungsausbildung" sollte in die verbindliche Führungskräfteentwicklung aller Ebenen integriert werden (siehe Textbox: „Alternsförderliche Führungsausbildung: Wie Sie Führungskräfte alternskompetent machen").

Alternsförderliche Führungsausbildung: Wie Sie Führungskräfte alternskompetent machen

Erster Baustein: Führungskräfte fürs Altern (managen) sensibilisieren

- *Altern geht uns alle an: „Alte Leute sind junge Menschen, die zufällig früher älter geworden sind."* (Anonymus)
- Bildung eines führungsspezifischen Alternsbewusstseins für die neuen Führungsherausforderungen der neuen alternden Arbeitswelt sowie für die persönlichen Alternsherausforderungen (beruflich, privat)

Zweiter Baustein: Führungskräfte fürs Altern (managen) qualifizieren

- *Altern muss gelernt werden: „Zu wissen, wie man altert, ist das Meisterwerk der Weisheit und eines der schwierigsten Kapitel aus der großen Kunst des Lebens."* (Henri Frédéric Amiel)
- Vermittlung: führungsspezifisches Alternswissen sowie alternsförderliche Führungs-Grundsätze, -Rollen; Informieren über Alternsförderliche Führungs-Werkzeuge
- Training: alternsförderliches Führungsverhalten sowie Kommunikations-, Sozialkompetenz; auch: führungsspezifische Alternsmeisterung (Alterns-Empowerment, Progressives Altern)

Dritter Baustein: Führungskräfte fürs Altern (managen) motivieren

- *Altern muss gewollt werden: „Nicht das Altern ist das Problem, sondern unsere Einstellung dazu."* (Cicero)
- Förderung einer führungsspezifischen Alternsmotivation, d. h. einer positiv-realistischen Einstellung...
  1. zum eigenen Altern und zum Altern der anderen (Mitarbeiter, Kollegen, Vorgesetzte)
  2. zu seiner individuellen und betrieblichen Meisterung
  3. zur alternsförderlichen Führung (inkl. Alternsförderliche Führungs-Grundsätze, -Rollen)

Führungskräfte alternskompetent machen Alternsförderliche Führungskräfteentwicklung im demografischen Wandel sensibilisiert, qualifiziert und motiviert für das individuelle, betriebliche und gesellschaftliche Altern. Gemeinsam eingeführt und umgesetzt, im besten Fall auf Basis breiter Zustimmung und Legitimation im Unternehmen, kann eine dezidiert alternspsychologische Perspektive in der Führungskräfteentwicklung helfen, den demografischen Wandel nicht nur zu managen, sondern auch zukunftssichernd zu gestalten. Obwohl die „Alternsförderliche Führungsausbildung" letztlich nichts anderes ist als eine weitere Maßnahme in der Führungskräfteentwicklung, gibt es trotzdem bei der Durchführung eine Besonderheit, die es unbedingt zu berücksichtigen gilt (siehe Textbox: „Führungskräfte alternskompetent machen: Was Sie dabei besonders beachten sollten").

Führungskräfte alternskompetent machen: Was Sie dabei besonders beachten sollten

Altern ist Privatsache und macht Angst

Obwohl viele Führungskräfte inzwischen gut auf gesundheitliche Themen anzusprechen sind, gilt dies noch lange nicht fürs Altern und schon gleich gar nicht am Arbeitsplatz. Altern „interessiert" erst mal nicht, und wenn, dann ist es Privatsache: ihr eigenes Altern und viel mehr noch das Altern ihrer Mitarbeiter. Ähnlich wie anfangs (und zum Teil jetzt noch) beim betrieblichen Gesundheitsmanagement fürchten sich die meisten auch hier vor Bevormundung und Eingriffen in die Privatsphäre. Altern ist für sie keine Führungssache; deshalb ist es auch nicht ihre Aufgabe, ihren älteren Mitarbeitern „gut zuzureden und das Händchen halten." Außerdem kostet das „ganze Altern managen nur Geld und Zeit und bringt nichts." Auch Führungskräfte leisten Widerstand – nicht zuletzt deshalb, weil auch sie Angst vorm Altern haben. Außerdem verändern das neue Altern und sein betriebliches Management ihre Arbeit am meisten: Führungskräfte befürchten eine Überforderung durch die Doppelbelastung mit Tagesgeschäft und der Zusatzaufgabe „Altern managen".

Wie Sie die resultierenden „Anfassungsschwierigkeiten" überwinden

1. Besonders wichtig ist es zu vermitteln, dass „Altern" bzw. Alternsförderliche Führung *keine Zusatzbelastung* bedeutet, sondern automatisch Teil der alltäglichen Führungsarbeit wird und diese sogar effektiver macht. Außerdem sollten Führungskräfte unbedingt wissen, dass alternsförderliche Führung *keine „rocket science"* ist – denn meistens gehört gar nicht so viel dazu, das erfolgreiche Altern der Mitarbeiter bzw. ihre Gesundheit, Qualifikation und Motivation (und damit Arbeits-/Leistungsfähigkeit, -zufriedenheit) der Mitarbeiter zu fördern.
2. Auch bei Führungskräften ist besondere Sensibilität im Umgang mit dem angst- und tabubesetzten Altern gefragt. Entscheidend ist eine besonders vertrauensvolle Atmosphäre sowie Offenheit und Transparenz. Auch darf es bei der didaktischen Gestaltung keinesfalls an Lockerheit und Spaß

fehlen, wenn die Führungskräfte alternsförderliches Führen lernen, ausprobieren und anwenden.

3. Ganz wichtig ist auch, jeden Teilnehmer sowohl in seiner professionellen Rolle anzusprechen, aber auch als Privatperson. Die Vermittlungs- und Trainingsinhalte sollten für jeden Teilnehmer professionell und persönlich relevant gemacht werden: der Nutzen für die Bewältigung der neuen Führungsherausforderungen im verantworteten Tagesgeschäft muss unmissverständlich klar sein; dasselbe gilt für die persönlichen beruflichen und privaten Alterns-Herausforderungen.

4. Deshalb ist es unerlässlich, die Ausbildungsmaßnahme an die Bedürfnisse der jeweiligen Teilnehmer maßgeschneidert anzupassen. Dazu empfiehlt sich vorab oder zu Beginn der Schulung bzw. des Trainings den spezifischen Schulungs- bzw. Trainingsbedarf zu ermitteln. Eine solche Bedarfsanalyse kann entweder in Form einer klassischen Befragung oder aber als interaktives „Alterns-Quiz" durchgeführt werden. Beide Verfahren, aber insbesondere natürlich die spielerische Quiz-Variante, sind gleichzeitig auch ein guter Einstieg in die Schulung bzw. ins Training: sie lockern die Atmosphäre auf, binden die Teilnehmer in die inhaltliche Gestaltung mit ein, erhöhen die Aufmerksamkeit und die Motivation, sich aktiv und gemeinsam mit dem eigenen Altern und dem Altern im Unternehmen auseinanderzusetzen.

‚Alternskompetenz für Führungskräfte' vermarkten Der allererste Schritt der „Alternsförderlichen Führungsausbildung" ist die Einbindung der Führungskräfte und die interne Öffentlichkeitsarbeit. Auf keinen Fall dürfen Führungskräfte vor vollendete Tatsachen gestellt werden. Es ist deshalb unerlässlich, das Qualifizierungsvorhaben im Vorfeld bei den Führungskräften anzukündigen und zu vermarkten. Es gilt, alle Führungskräfte sämtlicher Ebenen und Funktionsbereiche über das Vorhaben zu informieren, und zwar mittels bereits vorhandener betriebsinterner Kommunikationskanäle (z. B. Newsletter, Mitarbeiter-/Führungskräftezeitung, Intranet, Meetings, Teambesprechungen, Betriebsversammlungen). Die Informationen sollten folgende drei Fragen beantworten, die sich jede Führungskraft stellt, bevor sie bei dem Qualifizierungsvorhaben teilnimmt (siehe Textbox: „Alternskompetenz für Führungskräfte im Unternehmen: Welche Fragen Sie beantworten sollten").

‚Alternskompetenz für Führungskräfte' im Unternehmen: Welche Fragen Sie beantworten sollten

Was **ist Alternsförderliche Führungskompetenz überhaupt?**
- Bewusstsein: Führungsspezifisches Alternsbewusstsein
- Wissen: Führungsspezifisches Alternswissen, Wissen über alternsförderliche Führungs-Grundsätze, -Rollen, sowie über alternsförderliche Führungs-Werkzeuge
- Können: Fähigkeiten für führungsspezifische Alternsmeisterung, alternsförderliches Führungsverhalten, Kommunikations-, Sozialkompetenz
- Wollen: Alternsförderliche Führungs-Motivation

Warum **brauche gerade ich alternsförderliche Führungskompetenz?**
- Das Lernen von alternsförderlicher Führungskompetenz ist zentrale Führungsanforderung und -aufgabe aller Führungskräfte sämtlicher Funktionsbereiche und Organisationsebenen; sie macht Führung effektiver bzw. sie macht jede Führungskraft und alle ihre Mitarbeiter (über-) lebens- und zukunftsfähig.
- Denn alternsförderliche Führungskompetenz qualifiziert jede Führungskraft (in jedem Alter!) für die erfolgreiche Bewältigung der neuen Führungsherausforderungen der neuen alternden Arbeitswelt sowie der persönlichen Alterns-Herausforderungen im 21. Jahrhundert.
- Und alternsförderliche Führungskompetenz fördert den lebenslangen Erhalt der körperlichen, psychischen und sozialen Gesundheit, Qualifikation und Motivation der Mitarbeiter (und bei sich selbst!), und damit auch Arbeits-/Leistungsfähigkeit, -motivation sowie Zufriedenheit, Lebensqualität und Wohlstand.

Wie **kann ich alternsförderliche Führungskompetenz im Unternehmen lernen?**
- Das Unternehmen sorgt dafür bzw. unterstützt dabei, dass alle Führungskräfte eine „Alternsförderliche Führungsausbildung" erhalten; Alternsförderliche Führungskompetenz wird unternehmensweit systematisch vermittelt und gezielt geschult bzw. trainiert. Über Zweck, Inhalte und Ablauf der Qualifizierungsmaßnahmen wird ausreichend informiert und es werden alle Fragen beantwortet.

3.2 Führungskräfte fürs Altern (managen) sensibilisieren

Alternsbewusstsein bilden Effektives Führen im demografischen Wandel beginnt mit einem Bewusstseinswandel, und zwar im Sinne der Entstehung eines gemeinsamen, rationalen und emotionalen Alternsbewusstseins. Das heißt, Führungskräfte wissen (rational, „Kopf" bzw. „Verstand") und fühlen (emotional, „Herz"):

1. „Der demografische Wandel bzw. das Altern ist ein Problem."
2. „Das Demografie-/Alternsproblem hat konkret erfahrbare Auswirkungen (Risiken, Chancen)."
3. „Wir sind vom Demografie-/Alternsproblem, seinen Auswirkungen gemeinsam, persönlich betroffen."
4. „Die Auswirkungen des Demografie-/Alternsproblems sind beeinflussbar, es gibt drängenden Veränderungsbedarf in konkreten Handlungsfeldern."
5. „Alternsförderliche Führung ist deshalb absolut dringlich, notwendig, nützlich."
6. „Wir sind (mit-)verantwortlich für die Lösung des Demografie-/Alternsproblems."

Altern geht uns alle an Eine der wichtigsten Komponenten der Alterns-Bewusstseinsbildung das Erzeugen eines gemeinsamen und persönlichen Betroffenheitsgefühls. Warum? Seien wir doch ehrlich – wer beschäftigt sich schon gerne mit dem Altern, geschweige denn mit dem Älterwerden oder gar Altsein? Ist die magische Volljährigkeit einmal erreicht, dann gibt es wenige, die gerne weiter altern. Wir verleugnen und verdrängen das Altern und schieben es gern weit weg von uns: „Alt? Ich doch nicht". Alt sind immer nur die anderen. *„Jeder von uns will alt werden, aber keiner will alt sein."* Das war schon zu Ciceros Zeiten so. Doch niemand kann sich vom demografischen Wandel bzw. Altern und seinen Auswirkungen ausnehmen. Altern geht uns alle an. Schließlich altert ja jeder von uns. Zu leben bedeutet nichts anders als zu altern. Die Jungen von heute sind die Alten von morgen werden (siehe Textbox: „Wofür müssen Führungskräfte besonders sensibilisiert werden? Die wichtigsten Inhalte").

Wofür müssen Führungskräfte besonders sensibilisiert werden? Die wichtigsten Inhalte

Es geht primär darum, Führungskräften bewusst zu machen, ...

1. ...mit welchen neuen Führungsherausforderungen sie in der neuen alternden Arbeitswelt konfrontiert sind, und mit welchen neuen persönlichen (beruflichen, privaten) Alterns-Herausforderungen sie konfrontiert sind

2. ...dass sie als Vorgesetzte mit ihrem Führungsverhalten den größten Einfluss haben:
   - auf das Altern ihrer Mitarbeiter (und auf ihr eigenes Altern)
   - auf deren Gesundheit, Qualifikation und Motivation (und ihre eigene)
   - auf deren Arbeits-/Leistungsfähigkeit und -zufriedenheit (und ihre eigene)
   - und damit auf die Produktivität und Kapazität ihres Verantwortungsbereichs
   - und damit auf die Zukunftsfähigkeit des gesamten Unternehmens und, letztlich, der Gesellschaft

3. ...dass alternsförderliche Führung dringlich, notwendig und gewinnbringend ist (für jeden im Unternehmen), um die neuen Führungsherausforderungen zu bewältigen, und dabei die Alterns-Risiken zu minimieren und die Alterns-Chancen zu maximieren: Gemeinsam das Altern zur Chefsache machen!

4. ...welche zentralen Rollen sie im demografischen Wandel für die Zukunft der Mitarbeiter und des Unternehmens spielen, und welche Verantwortung sie deshalb tragen.

Kommunikation macht Bewusstsein Und nicht nur das. Kommunikation verändert. Kommunikation ist die „Allrounder"-Handlungsmaßnahme, die nicht nur sensibilisiert, sondern auch qualifiziert, motiviert und sogar führt und kultiviert. Kommunikation als Sensibilisierungsmaßnahme schafft Alternsbewusstsein, und zwar unabhängig davon, welche der inzwischen unbegrenzten Kommunikationsformen, -mittel und -wege dafür gewählt werden. Dementsprechend vielfältig sind die Möglichkeiten, Führungskräfte fürs Altern zu sensibilisieren (mehr zu konkreten alternsförderlichen Sensibilisierungsmaßnahmen, insb. Alterns-Awareness-Kampagne, -Dialog, -Workshop, finden Sie im Praktiker-Handbuch „Demografie-Management in der Praxis"). Wichtig bei der Alternsbewusstseins-Bildung durch Kommunikation ist nicht „welche", sondern „wie viele" unterschiedliche Kommunikationsformen, -mittel und -wege verwendet werden, und „wie oft". Bei der Schaffung von Alternsbewusstsein in der betrieblichen Praxis gilt die Regel: je mehr unterschiedliche Kommunikationskanäle benutzt werden und je häufiger kommuniziert wird, desto nachhaltiger ist der Alternsbewusstseinswandel im Unternehmen. Entscheidend ist jedoch letztlich das „Was", die Inhalte bzw. Botschaften, die vermittelt werden (siehe Textbox: „Kommunikations-Checkliste zur Erzeugung von Alternsbewusstsein im Unternehmen").

Kommunikations-Checkliste zur Erzeugung von Alternsbewusstsein im Unternehmen

Was muss kommuniziert werden? Die wichtigsten Botschaften:

Bewusstseinsbildung für das „Demografie-/Alternsproblem":
1. **Wir haben ein Problem! Der demografische Wandel bzw. das Altern verändern...**
2. **...Alles (Politik, Gesellschaft, Gesundheit, Volkswirtschaft, Unternehmen) und Jeden Einzelnen!**
3. **Altern geht uns alle an, und zwar auch persönlich!**

Wichtige Sub-Botschaften:
*   *Wir werden immer älter und immer weniger! Wir können, müssen aber immer länger arbeiten!*
*   *Die resultierenden Risiken und Chancen betreffen jeden von uns!*
*   *Jeder altert und wird einmal alt! Die Jungen von heute sind die Alten von morgen! Individuelles Altern macht Betriebsaltern und vice versa!*

Bewusstseinsbildung für die Problemlösung „Alternsförderliches Führen":
4. **Wir können und müssen dringend was tun! Um die Risiken zu verhindern und Chancen zu nutzen,...**
5. **...gibt es Alternsförderliche Führung! Es ist dringlich, notwendig, gewinnbringend für jeden von uns,...**
6. **...und wir alle sind dafür (mit-)verantwortlich, und zwar auch persönlich!**

Wichtige Sub-Botschaften:
*   *Es gibt drängenden, betrieblichen Handlungsbedarf (z. B. Personalgewinnung, -bindung, -entwicklung, Gesundheits-, Wissensmanagement; Laufbahn-, Gratifikations-, Arbeitsgestaltung)! Es gibt drängenden, individuellen Handlungsbedarf (z. B. Förderung Gesundheit, Qualifikation, Motivation)!*
*   *Alternsförderliches Führen zielt auf Gewinnung, Bindung, Erhalt Arbeits-, Leistungsfähigkeit, -motivation von Alt und Jung, über gesamte Erwerbslaufbahn (heute für morgen)!*
*   *Unternehmen, Führungskräfte, und jeder Einzelne ist (mit-)verantwortlich für Förderung und Einsatz alternsbedingter Stärken und Prävention alternsbedingter Schwächen – von Anfang, ein Leben lang!*

3.3 Führungskräfte fürs Altern (managen) qualifizieren

Altern? **Nie gehört** Jeder von uns altert – aber keiner weiß, warum, was mit einem passiert, worauf man sich einstellen muss, geschweige denn ob bzw. was man tun kann und sollte (siehe Textbox: „Altern? Nie gehört. Die häufigsten Wissens- und Fähigkeitslücken").

Altern? Nie gehört. Die häufigsten Wissens- und Fähigkeitslücken

Obwohl jeder von uns altert, und zwar seit Geburt, und auch jeder einmal alt wird, und zwar älter als alle anderen Generationen vor uns, weiß keiner so recht Bescheid,…

- …was Altern eigentlich ist
- …was sich genau verändert, wie und warum
- …ob Altern nur Abbau, Defizite, Verluste, Nachteile (Risiken) mit sich bringt, oder auch Stärken, Gewinne, Vorteile (Chancen)
- …wie Altern das Privat-/Arbeitsleben, aber auch Unternehmen und Gesellschaft beeinflusst
- …ob Altern beeinflussbar ist
- …was Altern beeinflusst (positiv wie negativ)
- …wer Altern beeinflussen kann, inwieweit und wie (konkrete Gestaltungsmöglichkeiten)
- …wie man mit dem Altern umgeht, es bewältigt
- …wie man das lange Leben lernt und „erfolgreich" altert

Altern ist für die meisten von uns nach wie vor ein weißer Fleck auf der Landkarte unseres Lebens. Man begibt sich auf unbekanntes Terrain, ohne sich auszukennen, ohne sich vorzubereiten, ohne zu wissen, wie man sich verhält und sich am besten in ihm bewegt.

Altern: Nichts Genaues weiß man nicht Vorherrschend sind weiterhin falsches Alternswissen sowie lückenhafte Klischees und Vorstellungen darüber, was Altern mit uns macht und was unsere Einfluss- bzw. Gestaltungsmöglichkeiten dabei sind. Obwohl in empirischen Studien längst widerlegt, ist unser Wissen nach wie vor vom Defizit-/Risiko-Modell des Alterns geprägt: Altern bedeutet demnach Defizite, Abbau, Verluste und Schwächen und wird damit zum Risiko für jeden Einzelnen, Wirtschaft und Gesellschaft (siehe Textbox: „Was wir über das Altern zu ‚wissen' glauben").

Was wir über das Altern zu ‚wissen' glauben: Typische Aussagen

- „Altern ist eine Krankheit, und man kann nichts gegen sie tun."
- „Altern heißt, dass der Körper abbaut."
- „Früher oder später wird jeder dement."
- „Altern ist ein gefährlicher Abbau, vor dem man sich fürchten muss."
- „Das Altern bringt nichts, worauf man sich freuen kann."
- „Altern macht unproduktiver und irgendwann arbeits- und leistungsunfähig, weil man unmotivierter, unqualifizierter und kränker wird, und auch nichts mehr Neues lernen kann."
- „Altern beginnt mit 65, und das Alter sagt alles aus über eine Person."
- „Altern ist bei jedem gleich, genauso wie wir auch alle sterben."
- „Altern ist ein biologisches Programm, das automatisch abläuft."
- „Altern ist ein Schicksal, das man nicht beeinflussen kann."

Altern: Nichts für Feiglinge Deshalb ist der zweite zentrale Baustein einer alternsförderlichen Führungskräfteentwicklung die Alternskompetenz-Entwicklung, und zwar mittels „Alterns-Schulungen" und „Alterns-Trainings". Schließlich ist unser Altern ist nicht nur länger, sondern auch viel bunter und vielfältiger, aber auch viel komplexer und fragiler geworden als je zuvor. *„Altern ist nichts für Feiglinge",* stellte Mae West trefflich fest, und schon gleich gar nicht unser neues Altern im 21. Jahrhundert. Um das neue Altern und seine Anforderungen zu managen, individuell und betrieblich, braucht es entsprechendes Wissen (Alternswissen) und Können (Fähigkeiten zur Alternsmeisterung). Die Entwicklung der Alternskompetenz wird damit zu einer der wichtigsten Aufgaben im demografischen Wandel.

Altern neu erfinden Da es weder persönliche noch gesellschaftliche Vorbilder für unser neues Altern gibt, muss jede Führungskraft lernen, ihr eigenes Altern neu zu erfinden – d. h. sein neues langes (Arbeits-)Leben gedanklich vorwegzunehmen, sich darauf vorzubereiten und sein Altern verantwortlich (mit) zu gestalten –, und zwar von Anfang an, ein Leben an. Alternsförderliche Qualifizierungsmaßnahmen sollten deshalb immer die individuellen Bedürfnisse in den unterschiedlichen Lebens- bzw. Berufsphasen über die gesamte (Erwerbs-)Laufbahn berücksichtigen. Somit geht es um weit mehr als um Vorbereitungskurse auf den Ruhestand – obwohl solche Maßnahmen zweifelsohne wichtig sind und in ihrer Bedeutung keinesfalls vernachlässigt werden dürfen.

Altern meistern lernen Wir sind dem Altern nicht hilflos ausgeliefert. Denn zum Altern können wir „was tun", jeder Einzelne von uns, aber auch Unternehmen und die Gesellschaft: Wir können die nicht wegzuleugnenden negativen Seiten des Alterns verhindern bzw. kompensieren und bewältigen, und aus den positiven Seiten mehr machen, diese fördern und nutzen – von Anfang an, ein Leben lang, und zwar primär durch das Drehen an „psychischen Stellschrauben". Denn Altern bzw. Älterwerden wird primär „im Kopf" bestimmt. Altern ist ein „*mental game*": Erfolgreiches Altern braucht nicht nur die finanzielle private oder betriebliche Altersvorsorge, sondern auch eine Altersvorsorge der besonderen Art: die Alternsmeisterung. Hier geht es um ein ganz besonderes „Tun" bzw. Verhalten. Und da jedes „Tun" bzw. Verhalten, egal ob körperliches, psychisches oder soziales „Tun", eine psychische Funktion ist, handelt es sich bei der Alternsmeisterung um eine dezidiert psychologische Altersvorsorge (siehe Textbox: „Alternsmeisterung: Erfolgreich altern mit der ‚Psychologie des Alterns'").

Alternsmeisterung: Erfolgreich altern mit der „Psychologie des Alterns"

1. **Alterns-Empowerment**
   - *Selbst-Bemächtigung, Selbst-Wirksamwerden* für das eigene Altern, einschließlich des Alterns am Arbeitsplatz (Demografie-Management): „*Yes, I can!*"

   Effekt: Überwindung der vermeintlichen Macht-/Einflusslosigkeit gegenüber dem Altern; Förderung der Nutzung individueller, betrieblicher und gesellschaftlicher Gestaltungsmöglichkeiten; jeder wird zum Meister seines eigenen Alterns mit eigenverantwortlicher Vorsorge und aktivem Handeln

2. **Progressives Altern**
   - Progressive *Auseinandersetzung* mit den anstehenden Lebens-, Ausbildungs-, Berufsfragen des neuen Alterns in jedem Lebensalter
   - *Akzeptanz* des Alterns mit seinen Gewinnen und Verlusten
     „*Man muss mit dem Alter(n) und allem, was es mit sich bringt einverstanden sein, man muss Ja dazu sagen…Das Greisenalter ist eine Stufe unseres Lebens und hat wie alle anderen Lebensstufen ein eigenes Gesicht, eine eigene Atmosphäre und Temperatur, eigene Freuden und Nöte.*" (Hermann Hesse)
   - *Progressives Mini-Max-Prinzip des Alterns:*
     ≫ Prävention, Kompensation der Alterns-Verluste (Alterns-Risiken minimieren)

>> Optimierung der Alterns-Gewinne (Alterns-Chancen maximieren)
>> entsprechend seinen individuellen Bedürfnissen, Wünschen, Zielen
>> durch körperliches, psychisches und soziales „Tun" bzw. „Vorwärts-
  bewegen"
  (z. B. körperliche Bewegung, intellektuelle Betätigung (insb. Lebenslanges Lernen), soziale Aktivitäten)
 − *Progressive Alterns-Einstellung:*
  >> positiv-realistische Einstellung zum eigenen Altern und zum
  Altern der anderen und zu seiner individuellen (und betrieblichen)
  Meisterung

Effekt: Optimale biologisch-körperliche, psychische und soziale Funk-
tions- und Leistungsfähigkeit bzw. Gesundheit über die gesamte Lebensspanne

*„Sich auf die wichtigen Ziele beschränken, diese sehr energisch verfolgen
und dabei nachgeeigneten inneren und äußeren Ressourcen der Kompensation zu suchen, das ist die Kunst des guten Älterwerdens."* (Paul Baltes)
„Kompensation ist die Lebenskunst des Weisen." (Cicero)

Altern *managen* meistern lernen Außerdem müssen Führungskräfte geschult
werden, wie sich die Bedürfnisse, Werte, Einstellungen sowie Fähigkeiten und
Verhalten ihrer Mitarbeiter über die Erwerbslaufbahn verändern, und wie sie damit
umgehen − und zwar nicht zur re-aktiv, sondern auch pro-aktiv: Nur so können
Führungskräfte ihre Mitarbeiter ihren jeweiligen Stärken und Schwächen entsprechend einsetzen und sie adäquat führen, fordern und fördern. Schließlich denkt,
fühlt und handelt jedes Alter anders, und dies unterscheidet sich auch noch zwischen den Generationen und Geschlechtern. Entscheidend ist, dass Führungskräfte
die alterns-, generationen- und geschlechtsspezifischen (körperlichen, psychischen, sozialen) Charakteristika ihrer Mitarbeiter nicht nur kennen, sondern sie
auch erkennen und mit ihnen umgehen lernen. Nur wenn Führungskräfte wissen,
wie ihre Mitarbeiter „ticken", „funktionieren" (was können meine Mitarbeiter?
Was wollen sie? Was treibt sie an? Welche Ziele verfolgen sie? Welche Lebensumstände haben sie? Was belastet sie?), und geschult werden, ihr Führungsverhalten
anzupassen, dann werden Mitarbeiter effektiv motiviert, qualifiziert und gesund
erhalten. Dazu brauchen Führungskräfte natürlich auch das entsprechende Handlungswissen, was im Rahmen ihrer Führungsarbeit dafür in den verschiedenen
Handlungsfeldern konkret zu tun ist und wie alternsförderliche Führungs-Werkzeuge genutzt werden können (siehe Textbox: „Führungsspezifisches Alternswis-

sen: Was alle Führungskräfte (jeden Alters!) unbedingt übers Altern wissen bzw.
können sollten, nämlich...").

**Führungsspezifisches Alternswissen: Was alle Führungskräfte (jeden
Alters!) unbedingt übers Altern wissen bzw. können sollten, nämlich...**

1. **...was Altern eigentlich ist, was sich genau verändert, wie und
    warum (Alterns-Risiken, -Chancen);**
    **...welche Auswirkungen diese Veränderungen haben auf das
    Berufs- und Privatleben der Mitarbeiter (und auch auf das
    eigene!) sowie auf den eigenen Verantwortungsbereich und das
    Unternehmen;**

2. **...wie sie die neuen (Führungs-)Herausforderungen des Alterns
    bewältigen;**
    ...welche Handlungsfelder es gibt...
    ...als Führungskraft im Rahmen der Alternsförderliche Führung: insb.
    Gesundheitsförderung; Personal-/Teamentwicklung; Personalgewin-
    nung, -bindung, -engagement; Talent-Management; Arbeitsgestal-
    tung; Kommunikation; Kultur
    ...als Privatperson: individueller Erhalt, Förderung von (psycho-bio-
    sozialer) Gesundheit, Qualifikation, Motivation, und dadurch Erhalt,
    Förderung Arbeits-, Leistungsfähigkeit, -zufriedenheit
    **...was sie konkret tun können, um die Alterns-Risiken zu minimieren
    und die Chancen zu maximieren;**

3. **...welche konkreten alternsförderlichen Führungs-Werkzeuge ihnen
    im Unternehmen zur Verfügung stehen;**
    (i.S. von Unterstützungs-/Gestaltungsmöglichkeiten: Infrastruktur,
    alternsförderliche Führungsinstrumente, konkrete Maßnahmen des
    jeweiligen Demografie-Managements)
    ...wofür diese gut sind (Nutzen), und wie man diese anwendet;
    **... dass hierfür Ressourcen bereitgestellt und Verantwortlichkei-
    ten festgelegt werden.**

Alternskritische Führungssituationen trainieren Damit aus dem Handlungswissen der Führungskräfte auch gelebte Führungspraxis wird, sollte das
vermittelte Alterns-Wissen auch angewendet und trainiert werden. Führungs-
kräftetrainings zur Einübung von alternsförderlichem Führungsverhalten und der
erforderlichen kommunikativen und sozialen Kompetenzen sind für den Praxis-
transfer unerlässlich. „Alternsförderliche Führungs-Trainings" zeigen Führungs-

kräften ihre alternsförderlichen Handlungs- und Gestaltungsmöglichkeiten auf, die anhand von konkreten Praxisbeispielen und kritischen Führungssituationen ausprobiert und eingeübt werden – und zwar im angewandten Umgang mit Mitarbeitern unterschiedlichen Alters („Jung führt Alt oder Jung", „Alt führt Jung oder Alt"), unterschiedlicher Generationen (Wirtschaftswundergeneration, Babyboomer, Generationen X, Y, Z) und unterschiedlichen Geschlechts („Frau führt Mann oder Frau", „Mann führt Frau oder Mann"). Gemeinsam in der Gruppe werden alternsrelevante Problemsituationen im Führungsalltag identifiziert, mögliche Verhaltensreaktionen diskutiert und Lösungen erarbeitet; anschließende alternsförderliche, führungsspezifische Verhaltens- und Kommunikationsübungen helfen, das Gelernte im Handlungsrepertoire jeder Führungskraft zu verankern. „Alternsförderliche Führungs-Trainings" geben Führungskräften außerdem auch praxisnahe Handlungsempfehlungen für die individuelle Umsetzung der alternsförderlichen Führungs-Grundsätze und -Rollen im eigenen Zuständigkeitsbereich. Entscheidend für den Transfer der Trainingsinhalte in die tägliche Führungsarbeit ist die Entwicklung ganz konkreter Handlungspläne und Strategien für die eigenen Mitarbeiter bzw. Teams. Professionelle „Alternsförderliche Führungs-Trainings" beinhalten auch das Training der „eigenen" Alternsmeisterung. Schließlich sind Führungskräfte nicht nur für das Altern ihrer Mitarbeiter verantwortlich, sondern auch für ihr eigenes Altern – und auch das muss erst gelernt werden (mehr zu konkreten alternsförderlichen Qualifizierungsmaßnahmen finden Sie im Praktiker-Handbuch „Demografie-Management in der Praxis").

3.4 Führungskräfte fürs Altern (managen) motivieren

Altern (managen) wollen Die Förderung einer führungsspezifischen Alternsmotivation ist unerlässlich: denn die Sensibilisierungs- und Qualifizierungsmaßnahmen alleine machen noch lange keine tatsächlich gelebte alternsförderliche Führungspraxis in einem Unternehmen. Führungskräfte müssen auch alternsförderlich führen *wollen*. Der Wille bzw. die Motivation zum alternsförderlichen Führen bzw. zum erfolgreichen Altern durch Alternsmeisterung ist letztlich Einstellungssache. Was Führungskräfte in Bezug auf ihr eigenes Altern bzw. auf das Altern ihrer Mitarbeiter tun, hängt primär ab von ihren Einstellung zum Altern, zu seiner individuellen und betrieblichen Meisterung.

Das ABC der Alterns-Einstellungen Alterns-Einstellungen beeinflussen weit mehr als das Wollen und Tun der Führungskräfte. Denn sie sind relativ überdauernde positive oder negative Bewertungen; diese bestimmen unbewusst, und mehr als alles andere, das gesamte:

1. Denken (z. B. positive oder negative Wahrnehmung, Meinung von alternsbedingten Veränderungen)
2. Fühlen (z. B. Zuversicht oder Angst in Bezug auf alternsbedingte Veränderungen)
3. Handeln (z. B. Auseinandersetzung mit oder Verleugnung von alternsbedingten Veränderungen).

(Alterns-)Einstellungen äußern sich affektiv, behavioral und c/kognitiv. Wenn (Alterns-)Einstellungen besonders ausgeprägt sind, und zwar besonders positiv oder negativ (meist negativ), und die Einstellungsinhalte auch nicht realitätsgerecht sind, dann haben wir es mit (Alterns-)Vorurteilen zu tun. Diese bestimmen auch wieder das Denken (z. B. negative Wahrnehmung und Meinung von der Leistungsfähigkeit älterer Mitarbeiter), Fühlen (z. B. Abneigung gegenüber älteren Mitarbeitern) und Handeln (z. B. Diskriminierung älterer Mitarbeiter) der Führungskräfte.

Altern und Ältere: Besser als ihr Ruf?! Das Altern bzw. das Älterwerden und ältere Arbeitnehmer haben einen enorm schlechten Ruf im Arbeitsleben, obwohl sie besser qualifiziert und leistungsfähiger sind als jede Generation vor ihnen. Die Vorurteile gegenüber dem Altern und älteren Arbeitnehmern wurden zwar längst empirisch vielfach widerlegt. Trotzdem dominieren sie weiterhin so ziemlich alle Bereiche des Arbeitslebens. Die „Psychologie des Alterns" sagt uns, was wirklich stimmt und hilft uns dadurch mit den weit verbreiteten Alterns-Vorurteilen aufzuräumen (siehe Textbox: „Altern: Was wirklich stimmt, und warum Altern sogar besser ist, als sein Ruf"; siehe Textbox: „Warum ältere Arbeitnehmer sogar besser sind, als ihr Ruf").

Altern: Was wirklich stimmt, und warum Altern sogar besser ist, als sein Ruf

Vorurteil	Was wirklich stimmt
Altern macht uns alle kränker und dement	Körperliche, psychische, soziale Gesundheit ist keine Frage des Alter(n)s, sondern unseres lebenslangen körperlichen, psychischen, sozialen Gesundheitsverhaltens; wie wir altern, ist nur zu 30 % genetisch bedingt. Altern macht uns nicht automatisch kränker, wohl aber verletzlicher, vor allem in den späteren Lebensjahren (80+). Trotzdem hat sich nicht nur unsere Lebensspanne, sondern auch unsere „gesunde Lebensspanne" verlängert; die Krankheitswahrscheinlichkeit ist enorm gesunken. Laut neuesten Erkenntnissen sind auch die Demenz-Raten bei den über 65-jährigen drastisch gesunken; immer mehr erreichen das hohe Alter „kognitiv intakt"

Vorurteil	Was wirklich stimmt
Altern ist nur Abbau und Verlust	Altern ist ein lebenslanger Veränderungs-, Entwicklungsprozess. Die „Richtungen" der Veränderungen sind nicht nur Abbau/Verlust, sondern auch Zunahme/Gewinn, und sie unterscheiden sich zwischen den einzelnen biologisch-körperlichen, sozialen und psychischen Funktionsbereichen. Altern ist eine „lebenslange Gewinn-Verlust-Bilanz"
Altern heißt, nichts mehr Neues lernen können	Im Gegenteil: Unsere Lernfähigkeit bleibt ein ganzes Leben lang erhalten, nur die Art des Lernens ändert sich. Lernen sollte für alle Lebensalter selbst-verständlich werden (Lebenslanges Lernen!): Lernen bzw. Bildung ist ein zentraler Pfeiler der Altersmeisterung und sollte deshalb lebenslanges Recht aber auch Pflicht sein. Dies erfordert natürlich alternsspezifische Bildungsangebote und Lernformen
Prävention, Behandlung und Rehabilitation sind überflüssig im Alter	Im Gegenteil: Prävention, Behandlung und Rehabilitation sind in jedem Alter gleich wirksam und wichtig. Sie sind die zentralen Pfeiler für lebenslange körperliche, psychische und soziale Gesundheit
Altern macht unzufriedener und unglücklicher	Im Gegenteil: Älterwerden macht sogar glücklicher und zufriedener (ab 46 geht's wieder aufwärts!), denn wir werden immer besser darin, die Dinge tun, die uns wichtig sind
Im Alter werden wir alle ärmer	Im Gegenteil: Nur eine Minderheit ist heute von Altersarmut betroffen. Zudem bieten die finanziellen Ressourcen älterer Menschen wirtschaftliche Wachstumschancen, die bei weitem noch nicht genutzt sind
Früher oder später landet jeder im Heim	Im Gegenteil: Aktuell leben nur etwa 5 % der Älteren in stationären Einrichtungen. In den meisten Fällen wohnt ein erwachsenes Kind nicht weit von seinen älteren Eltern entfernt; über 80 % der Älteren mit Hilfe-, Pflegebedarf werden von Familienangehörigen versorgt
Je älter man wird, desto mehr fällt man seinen Kindern und anderen zur Last	Im Gegenteil: Ältere leisten mehr Unterstützung für ihre Kinder als sie von diesen bekommen (primär: finanziell, Haushaltshilfe, Enkelkinderbetreuung); erst nach dem 80. Lebensjahr kehrt sich dieses Verhältnis um. Auch unsere Freiwilligenarbeit ist ohne das ehrenamtliche Engagement der Älteren nicht mehr denkbar
Altern beginnt mit 65, und das Alter sagt alles aus über eine Person	Im Gegenteil: Altern beginnt mit der Geburt! Das kalendarische Alter ist abhängig von gesellschaftlichen Konventionen und deshalb soziale Konstruktion. Es sagt deshalb wenig aus über biologisch-körperliche, soziale und psychische Funktionsfähigkeit; es kommt nicht darauf an, „wie alt" man wird, sondern „wie man alt wird"! Altern ist ein höchst individueller Veränderungsprozess und deshalb sehr heterogen. In keinem Lebensabschnitt unterscheiden sich die Menschen so stark wie nach dem 60. Geburtstag

Vorurteil	Was wirklich stimmt
Altern ist ein automatisches biologisches Programm, das bei jedem gleich abläuft	Im Gegenteil: Zwar nicht dass wir altern, aber wie wir altern, wird von vielen verschiedenen Faktoren, die in einem selbst und auch in der Umwelt liegen, beeinflusst. Doch Altern ist kein rein biologisches oder soziales Schicksal. Altern ist ein höchst individueller, primär psychologischer Veränderungsprozess und deshalb sehr heterogen: Jeder altert anders!
Altern ist ein Schicksal, das man nicht beeinflussen kann	Im Gegenteil: Altern kann von jedem Einzelnen (im Zusammenspiel mit seiner Umwelt) beeinflusst werden. Wie wir uns verhalten bzw. denken, fühlen, handeln bestimmt (im Positiven wie im Negativen) maßgeblich, wie wir altern (und damit auch die biologisch-körperlichen, sozialen Veränderungen des Alterns). Wir haben es selbst in der Hand, wie wir altern, zwar nicht ganz – unsere Alterns-Gestaltungsmacht hat Grenzen –, aber doch zu einem sehr großen Teil: „Jeder ist seines Alterns Schmied"

Warum ältere Arbeitnehmer sogar besser sind, als ihr Ruf

Vorurteil	Was wirklich stimmt
Ältere sind weniger arbeits- und leistungsfähig	Ältere sind genauso arbeits- und leistungsfähig wie Jüngere. Sie unterscheiden sich nur in ihren jeweiligen Stärken und Schwächen. In jedem Alter können mögliche altersbedingte Schwächen durch die Stärken kompensiert werden (Stärken Älterer: Erfahrungs-, Lebenswissen, Weisheit; Berufliches Fakten-, Handlungs-, Expertenwissen; Verantwortungsbewusstsein, -übernahme, Qualitätsbewusstsein; Zuverlässigkeit, Pflichtbewusstsein, Disziplin, Loyalität, Selbständigkeit; soziale, emotionale, kommunikative Kompetenzen; Widerstandsfähigkeit, emotionale Stabilität, Ausgeglichenheit, Gelassenheit, Toleranz; realistisch-strategische Problemlösekompetenz, Urteils-, Entscheidungsfähigkeit; Handlungs-, Entscheidungsökonomie; Sinn für das „Machbare"; Einschätzung der eigenen Fähigkeiten)
Ältere sind unqualifizierter, unmotivierter und unzufriedener	Ältere sind genauso qualifiziert wie Jüngere, und je nach Qualifikationsbereich sind sie oftmals sogar qualifizierter (s. vorherige Spalte). Auch die Arbeitsmotivation bleibt gleich, aber sie verändert sich inhaltlich (Karriere- und Aufstiegsorientierung sinkt und zunehmend wichtiger werden Wertschätzung bzw. Anerkennung der Arbeitsleistung, Erfahrung, Weitergabe von Wissen, Identifikation mit einer sinnvollen Aufgabe, Wohlbefinden und Arbeitsklima, soziale Kontakte, aber auch Autonomie, Selbständigkeit und Flexibilität betreffend Inhalte und Organisation der Arbeitstätigkeit). Die Zufriedenheit im Arbeitsleben und darüber hinaus steigt sogar mit zunehmenden Alter

Vorurteil	Was wirklich stimmt
Ältere sind weniger belastbar und unproduktiver.	Ältere sind genauso produktiv wie Jüngere und grundsätzlich auch genauso belastbar, außer es handelt sich um schwere körperliche Arbeit, Arbeit unter extremen Umgebungseinflüssen, Zeit- und Leistungsdruck, fremdbestimmtes Arbeitstempo, Arbeit ohne Erholungsmöglichkeiten. Doch durch entsprechende Arbeitsorganisation und -gestaltung kann dies entsprechend angepasst werden.
Ältere haben eine geringere Lernbereitschaft und sind weniger lernfähig	Ältere schätzen Weiterbildung genauso sehr wie Jüngere. Es mangelt nicht an der Lernbereitschaft Älterer, sondern meist an den altersgerechten Möglichkeiten zur Weiterbildung; hinzu kommt auch die weit verbreitete Altersdiskriminierung in der Personalentwicklung. Auch die Lernfähigkeit bleibt ein ganzes Leben lang erhalten, nur die Art des Lernens ändert sich
Ältere lehnen neue Technologien ab	Ältere stehen neuen Technologien nicht ablehnend gegenüber, jedoch müssen diese als leicht anwendbar und nützlich wahrgenommen werden, d. h. einen konkreten Bezug zu ihren Bedürfnissen haben; Technologieakzeptanz Älterer hängt viel stärker ab von der Anwendbarkeit und dem Nutzen der Technologien als bei Jüngeren
Ältere sind häufiger krank und haben mehr Fehlzeiten	Im Gegenteil: Ältere melden sich sogar seltener krank als Jüngere; wenn sie sich jedoch krank melden, dann sind sie meist länger krank als Jüngere. Außerdem sind Ältere nicht nur seltener krank, sondern haben auch eine geringere Fluktuationsrate als Jüngere
Ältere haben eine höhere Belastung durch Probleme im privaten Bereich	Im Gegenteil: Die Älteren sind sogar meist weniger belastet durch Probleme im privaten Bereich als Jüngere; selbst wenn im Einzelfall diese Belastung größer ist, dann geht für Ältere die Arbeit vor, aufgrund höherer Zuverlässigkeit, Pflichtbewusstsein, Disziplin und Loyalität
Ältere sind unkreativer, unflexibler und weniger innovationsfähig	Ältere sind genauso kreativ und innovationsfähig wie Jüngere, und zwar aufgrund ihres altersbedingten Wissenszuwachses (mit Wissen wachsen auch Ideen). Besonders kreativ und innovativ sind altersgemischte Teams. Ältere sind auch genauso flexibel wie Jüngere, nur brauchen Sie für die Umstellung bzw. Anpassung etwas mehr Zeit
Ältere reduzieren die Wettbewerbsfähigkeit eines Unternehmens	Im Gegenteil: Unternehmen können es sich nicht mehr länger leisten, auf die Stärken und Potenziale der Älteren zu verzichten. Denn die zukünftige Wettbewerbsfähigkeit entscheidet sich mit der Fähigkeit von Unternehmen, die immer weniger werdenden (jüngeren *und* älteren) Arbeitskräfte zu gewinnen, möglichst lange arbeits-/leistungsfähig und motiviert zu halten („alternde Belegschaften"). Die Wertschöpfung ist immer mehr abhängig vom Personal. Außerdem sind altersdiverse Teams sogar innovativer und vorteilhaft, da sie die aktuelle, zukünftige Kundenstruktur widerspiegeln und vor allem in der Dienstleistungsbranche bessere Resultate erzielen

Vorurteil	Was wirklich stimmt
Ältere nehmen den Jüngeren die Arbeits- plätze weg	Im Gegenteil: Länder mit einer hohen Beschäftigungsquote Älterer haben eine geringe Jugendarbeitslosigkeit (z. B. Schweden); Länder mit einer geringen Beschäftigungsrate Älterer haben eine besonders hohe Jugendarbeitslosigkeit (z. B. Frankreich, Italien). Denn wenn Ältere länger erwerbstätig sind, schaffen sie durch ihre Tätigkeit und Ideen neue Arbeitsplätze, und damit Beschäftigung für Jüngere. Zudem haben sie eine höhere Kaufkraft und brauchen neue Produkte, Dienstleistungen, was auch wieder neue Arbeitsplätze schafft. Außerdem reduziert die Erwerbstätigkeit Älterer die Sozialausgaben und infolge die Lohnnebenkosten

Alterns-Vorurteile sind gefährlich Wenn sich Alterns-Vorurteile in den Köpfen der Führungskräfte festgesetzt haben, beeinflussen diese unmittelbar die Arbeits- und Leistungsfähigkeit ihrer Mitarbeiter. Denn im Sinne einer selbsterfüllenden Prophezeiung verhalten sich die Führungskräfte so, dass sie ihre negativen Einstellungen bestätigen. Sie werden deshalb ihre älteren Mitarbeiter (bewusst oder unbewusst) weniger fördern, unterstützen und wertschätzen. Auch sind es meist die Führungskräfte und nicht die Personalabteilung, die die Bewerbungen von über 50-Jährigen aussortieren. Ältere sind nicht mehr förderungswürdiges Talent, sondern werden zum alten Eisen gezählt. Der Teufelskreislauf beginnt und, wieder im Sinne der selbsterfüllenden Prophezeiung, verschlechtert sich die Leistungsfähigkeit der Mitarbeiter tatsächlich, da sie ihr Leistungsverhalten an die Erwartungen und Verhaltensweisen ihres Vorgesetzten (meist unbewusst) anpassen. Dies bestätigt und verstärkt wiederum die Alterns-Vorurteile. (siehe Textbox: „Häufige Folgen der Vorurteile übers Altern im Arbeitsleben").

Häufige Folgen der Vorurteile übers Altern im Arbeitsleben

Berufliche Benachteiligungen und Diskriminierung älterer Arbeitnehmer, insb. bei

- Personalauswahl, -beurteilung: Verzerrte Wahrnehmung, Beurteilung der tatsächlichen Leistung Älterer (was dem Vorurteil entspricht, wird wahrgenommen; alles andere wird ausgeblendet)
- Personalentscheidungen (bei Neueinstellungen/internen Stellenbesetzungen, Beförderungen, Personal-einsatz): als Folge verzerrter Personalbeurteilungen werden Personalentscheidungen getroffen, die zu Lasten

Älterer gehen; Ältere werden nicht entsprechend ihrer tatsächlichen Leistung eingesetzt
*   Personalentwicklung und Talent-Management: Fokus liegt auf den 30–40jährigen; Maßnahmen werden meist nur für Jüngere konzipiert; spezifische Aus- und Weiterbildungsangebote für Ältere fehlen; Ausschluss Älterer von Qualifizierungs-maßnahme; Ältere erhalten weniger entwicklungsförderliche Aufgaben und Feedback; Folge: geringere Weiterbildungsbereitschaft und geringere tatsächliche Weiterbildungsbeteiligung Älterer

Konsequenz: Fehlende Nutzung und Wertschätzung der Stärken und Potenziale Älterer sowie Abnahme der Arbeitsfähigkeit und -leistung, Qualifikation, Motivation und Bindung, Gesundheit und Zufriedenheit der älteren Arbeitnehmer, bis hin zur vorzeitigen Beendigung der Erwerbstätigkeit

Alterns-Einstellungen der Führungskräfte ändern Deshalb brauchen Führungskräfte – noch mehr wie alle anderen Personalgruppen – eine positiv-realistische Einstellung 1) zum eigenen Altern und zum Altern der anderen (Kollegen, Mitarbeiter, Vorgesetzte), 2) zu seiner individuellen, betrieblichen Meisterung, sowie 3) zur alternsförderlichen Führung. Bei der Förderung der Alternsmotivation geht es primär um die Änderung negativer Alterns-Einstellungen bzw. -Vorurteilen und die Verankerung einer positiv-realistischen Alterns-Einstellung – und zwar sowohl in den Köpfen der Mitarbeiter und Führungskräfte, als auch in Unternehmens- und Führungskultur. Die Revision der Alterns-Einstellungen besteht aus drei Bausteinen:

1. *Aufdecken!* der negativen Alterns-Einstellungen bzw. -Vorurteile, und Bewusstmachung ihrer Konsequenzen für das eigene Altern und das Altern der anderen, des Unternehmens und der Gesellschaft (Denken, Fühlen, Handeln; selbsterfüllende Prophezeiung; Altersdiskriminierung/*ageism*). Wichtig in diesem Zusammenhang ist auch das Aufdecken von Alterns-Tabus.
2. *Widerlegen!* der negativen Alterns-Einstellungen bzw. -Vorurteile durch Überprüfung an der Wirklichkeit des Alterns (siehe vorheriger Abschnitt „Motiviert altern (Alternsmotivation)")
3. *Korrigieren und Ersetzen!* der negativen Alterns-Einstellungen durch die Entwicklung und Verankerung positiv-realistischer Alterns-Einstellungen, die der Wirklichkeit des Alterns gerecht werden (siehe vorheriger Kapitelabschnitt, „Motiviert altern (Alternsmotivation)")

Über Selbstreflexion zur Alternsmotivation Als besonders effektiv hat sich dabei die Selbstreflexion über das eigene Altern erwiesen; denn dies erzeugt bei Führungskräften ein echtes und persönliches Interesse am Altern ihrer Mitarbeiter – und damit eine nachhaltige persönliche Motivation, ihr Team alternsförderlich zu führen bzw. Altern zu fordern und zu fördern. Selbstreflexion übers eigene Altern gilt als der wichtigste Schritt als Führungskraft, um alternden und vor allem älteren Mitarbeitern gerecht zu werden. Insgesamt geht es letztlich darum, sich gemeinsam zu motivieren für die erfolgreiche individuelle und betriebliche Bewältigung der Herausforderung Altern. Denn unser neues Altern bringt enorme Vorteile, Freiräume und Chancen mit sich, die unser Leben verbessern können – wenn wir das Altern in all seinen Facetten akzeptieren, uns darauf einlassen, es nutzen und mehr daraus machen. Bereits Eugen Diederich wusste: *„Das Älterwerden ist weniger ein Zustand als eine Aufgabe. Löst man jene, so ist das Alter mindestens ebenso schön wie die Jugend, und der Tod ist dann kein Ende, sondern Frucht"* (mehr zu konkreten alternsförderlichen Motivationsmaßnahmen finden Sie im Praktiker-Handbuch „Demografie-Management in der Praxis").

Schlusswort: Neues Altern, neues Führungsverständnis

4

An dieser Stelle möchte ich Ihnen für das Führen im demografischen Wandel besonders viel Erfolg wünschen.

Außerdem möchte ich Ihnen zum Abschluss noch eine provokante Erkenntnis mit auf den Weg geben, die Mark Twain nicht trefflicher hätte formulieren können: *„Age is an issue of mind over matter. If you don't mind, it doesn't matter."* Wenn uns das Alter bzw. das Altern und Älterwerden „nichts ausmacht", dann „macht es auch nichts aus". Diese Erkenntnis ist aktueller und richtiger denn je, auch unter wissenschaftlichen Gesichtspunkten.

Führen...bis Altern kein Thema mehr ist Deshalb sollte das übergeordnete Ziel der Führung im demografischen Wandel sein, dass das Altern der Mitarbeiter (ebenso wie das eigene Altern) am Arbeitsplatz bzw. im Unternehmen „nichts ausmacht", dass es zu einem neuen Selbstverständnis wird und damit auch „kein Thema mehr ist": Anstatt ums Altern geht es nur noch um den einzelnen Menschen, d. h. um seine individuellen, beruflichen *und* privaten Bedürfnisse und Interessen, Stärken und Potenziale sowie auch um seine individuellen Schwächen und Risiken.

Selbstverständnis Altern Und genau das gilt es im Sinne einer Unternehmensphilosophie in den Strukturen, Steuerungs- und Planungsprozessen eines Unternehmens zu verankern: Altern managen im Unternehmen heißt letztlich nichts anderes als individuelle Lebens- und Berufsphasen sinnvoll miteinander zu verbinden, und zwar in einer ausgewogenen lebenslangen Balance von Lernen, Arbeiten und Erholen. Altern ist das, was wir tun, seit wir geboren sind – Altern ist Leben, also machen wir das Beste draus!

© Springer Fachmedien Wiesbaden 2014
S. Schuett, *Führung im demografischen Wandel*, essentials,
DOI 10.1007/978-3-658-07687-0_4

Was Sie aus diesem Essential mitnehmen können

- Welche neuen (Führungs-)Herausforderungen auf Sie zukommen
- Was Sie über das Altern wissen sollten und was Sie tun können
- Wie Sie im demografischen Wandel ihre Mitarbeiter effektiv führen

© Springer Fachmedien Wiesbaden 2014
S. Schuett, *Führung im demografischen Wandel*, essentials,
DOI 10.1007/978-3-658-07687-0

Ressourcen für ein effektives Führen im demografischen Wandel

Weltweit gibt es zahlreiche Organisationen, die sich den verschiedenartigen Herausforderungen des Alternsphänomens widmen. Nachfolgend finden Sie eine Auswahl einiger exzellenter Ressourcen (ohne den Anspruch der Vollständigkeit zu erheben), um mehr über die transformationellen Aspekte des Alterns herauszufinden.

American Association of Retired Persons (AARP)
ActiveAge
The Age and Employment Network (TAEN)
Ageing Well Network
Age Platform Europe
Allianz Demographic Pulse
American Aging Association
American Association of Homes and Services for the Aging: Institute for the Future of Aging Services
American Federation for Aging Research
American Geriatrics Society
American Society on Aging
Association for Education and Ageing
Axa Global Forum for Longevity
Berliner Demografie Forum
Bertelsmann Stiftung: Demographischer Wandel
British Geriatrics Society
British Society of Gerontology
Bundesarbeitsgemeinschaft der Seniorenorganisationen (BAGSO)
Bundesverband 50 Initiative Plus e. V.
Center for Generational Studies

© Springer Fachmedien Wiesbaden 2014
S. Schuett, *Führung im demografischen Wandel*, essentials,
DOI 10.1007/978-3-658-07687-0

51

Center for Strategic & International Studies (CSIS): Global Aging Initiative
Centre for Policy on Ageing
Columbia Aging Center
Council on Foreign Relations (CFR): Population & Demography
Deutsche Gesellschaft für Demographie (DGD)
Deutsches Zentrum für Altersfragen (DZA)
Das Demografie Netzwerk (ddn)
European Foundation for the Improvement of Living and Working Conditions
European Research Area in Ageing
Finnish Institute of Occupational Health (FIOH)
Fraunhofer-Institut für Arbeitswirtschaft und Organisation
Generali Zukunftsfonds
Gerontological Society of America
Global Coalition on Aging
Hans Böckler Stiftung: Demografischer Wandel
HelpAge International
Initiative Neue Qualität der Arbeit (INQA)
Institut für Demoskopie Allensbach
Institut für Gerontologie der TU Dortmund
Institut für Gerontologie der Universität Heidelberg
Institut für Gerontologie der Universität Vechta, Zentrum für Arbeit und Alter
Institut für Psychogerontologie der Friedrich-Alexander-Universität Erlangen-
    Nürnberg
Institute for the Ages
International Association of Homes and Services for the Ageing (IAHSA)
International Coalition for Aging and Physical Activity
International Federation on Ageing
International Longevity Centre (UK, USA)
Jacobs Center on Lifelong Learning and Institutional Development
Körber Stiftung: Potenziale des Alters
Marie-Luise und Ernst Becker Stiftung, AGE CERT
Massachusetts Institute of Technology (MIT): AgeLab
Max-Planck-Institut für demografische Forschung
National Council on Aging
National Institute on Aging (National Institutes of Health)
Österreichische Plattform für Interdisziplinäre Altersfragen (ÖPIA)
The Oxford Institute of Population Ageing
The Philips Centre for Health and Well-being: Aging Well
Population Association of America

Psychologische Alternsforschung der Universität Heidelberg
RAND Health
Robert Bosch Stiftung: Beruf und Alter
The Sloan Center on Aging and Work
Silver Workers Research Institute Berlin
Stanford Center on Longevity
United Nations Programme on Ageing
United Nations Population Fund
World Demographic and Ageing Forum
World Health Organization: Ageing and Life Course
WAI-Netzwerk Deutschland & Österreich
Work/Life Center (National Institutes of Health)
Zentrum für Gerontologie der Universität Zürich

Literatur

Beard, J. R., et al. (2011). *Global population ageing: Peril or promise?*. Geneva: World Economic Forum.

Bedell, G., & Young, R. (Hrsg.). (2009). *The new old age. Perspectives on innovating our way to the good life for all*. London: The LAB Innovating Public Services.

Berlin-Institut für Bevölkerung und Entwicklung, Robert Bosch Stiftung & Körber-Stiftung. (2013). *Produktiv im Alter*. Berlin.

Bertelsmann Stiftung. (2010). *Demografischer Wandel verändert den Erwerbspersonenmarkt*. Gütersloh.

Bögel, J., & Ferichs, F. (2011). *Betriebliches Alters- und Alternsmanagement: Handlungsfelder, Maßnahmen und Gestaltungsanforderungen*. Vechta: BOD.

v. Börsch-Supan, A., et al. (2013). *Active ageing and solidarity between generations in Europe: First results from SHARE after the economic crisis*. Berlin: De Gruyter.

Böschen, M., & Werle, K. (2014). Führungskräfte im Unruhestand. *Manager Magazin, 2,* 112–118.

Bortz, W. M. (2007). *We live too short and die too long: How to achieve and enjoy your natural 100-year-plus life span*. New York: Select Books.

Bortz, W. M., & Stickrod, R. (2010). *The roadmap to 100: The breakthrough science of living a long and healthy life*. New York: Palgrave.

Braedel-Kühner, C. (2005). *Individualisierte, alternsgerechte Führung*. Frankfurt a. M.: Peter Lang.

Brandenburg, U., & Domschke, J.-P. (2007). *Die Zukunft sieht alt aus: Herausforderungen des demografischen Wandels für das Personalmanagement*. Wiesbaden: Gabler.

Buchhorn, E., & Werle, K. (2013). Die Rückkehr der Rentner. *Manager Magazin online,* 04.11.2013, Hamburg.

Bund, K. (2014). *Glück schlägt Geld: Generation Y, Was wir wirklich wollen*. Hamburg: Murmann.

Bundesagentur für Arbeit (2013). *Der Arbeitsmarkt in Deutschland: Arbeitsmarktberichterstattung-September 2013: Ältere am Arbeitsmarkt*. Nürnberg.

Bundesanstalt für Arbeitsschutz und Arbeitsmedizin (2011). *Why WAI? Der Work Ability Index im Einsatz für Arbeitsfähigkeit und Prävention* (4. Aufl.). Dortmund.

Bundesministerium des Inneren (2007). *Jedes Alter zählt: Demografiestrategie der Bundesregierung*. Berlin.

© Springer Fachmedien Wiesbaden 2014
S. Schuett, *Führung im demografischen Wandel*, essentials,
DOI 10.1007/978-3-658-07687-0

Bundesministerium für Familie, Senioren, Frauen und Jugend & Institut für Demoskopie Allensbach (2014). *Demografischer Wandel: Zukunftserwartungen junger Erwachsener.* Berlin.

Bundesministerium für Familie, Senioren, Frauen und Jugend. (Hrsg.). (2010). *Eine neue Kultur des Alterns. Erkenntnisse und Empfehlungen des 6. Altenberichts.* Berlin.

Bundesministerium für Familie, Senioren, Frauen und Jugend. (Hrsg.). (2011). *Fachkräftemangel: Ältere Beschäftigte bieten neue Potenziale.* Berlin.

Bruch, H., Kunze, F., & Böhm, S. (2010). *Generationen erfolgreich führen: Konzepte und Praxiserfahrungen zum Management des demographischen Wandels.* Wiesbaden: Gabler.

Cicero, M. T. (2010). *Cato maior de senectute (übersetzt von M. Giebel).* Stuttgart: Reclam.

Deller, J., et al. (2008). *Personalmanagement im demografischen Wandel: Ein Handbuch für den Veränderungsprozess.* Heidelberg: Springer.

Denninger, T., et al. (2014). *Leben im Ruhestand: Zur Neuverhandlung des Alters in der Aktivgesellschaft.* Bielefeld: Transcript.

Department for Work & Pensions. (2014). *Fuller working lives: A framework for action.* London.

Deutsche Gesellschaft für Personalführung. (2013). *Megatrends und HR Trends 2013.* Düsseldorf.

Domres, A. (2012). *Führung älterer Mitarbeiter.* Saarbrücken: Akademiker Verlag.

Drucker, P. et al. (1997). Looking ahead: implications of the present. *Harvard Business Review, 75,* 18–32.

Drupp, M., et al. (2014). *Gesundheits- und Demographiemanagement: Den demographischen Wandel im Betrieb gesund gestalten (ddn Fachbuchreihe „DemographieManagement kompakt").* Dortmund: Das Demographie Netzwerk.

Eberhardt, D., & Meyer, M. (2011). *Mit Führung den demographischen Wandel gestalten.* Mering: Hampp.

Economist Intelligence Unit. (2014). *Is 75 the new 65? Rising to the challenge of an ageing workforce.* London.

Erickson, K. I., Gildenger, A. G., & Butters, M. A. (2013). Physical activity and brain plasticity in late adulthood. *Dialogues in Clinical Neuroscience, 15,* 99–108.

European Centre for the Development of Vocational Training. (2010). *Working and ageing: Emerging theories and empirical perspectives.* Luxemburg: Publications Office of the European Union.

European Centre Vienna. (2013). *Active Ageing Index 2012.* Vienna.

Fernández-Ballesteros, R. (2008). *Active aging: The contribution of psychology.* Cambridge: Hogrefe & Huber.

Flato, E., & Reinbold-Scheible, S. (2008). *Zukunftsweisendes Personalmanagement: Herausforderung demografischer Wandel.* Landsberg: Moderne Industrie.

Forstmeier, S., & Maercker, A. (2008). *Probleme des Alterns.* Göttingen: Hogrefe.

Generali Zukunftsfonds. (Hrsg.). (2012). *Generali Altersstudie 2013: Wie ältere Menschen leben, denken und sich engagieren.* Frankfurt a. M.: S. Fischer.

Generali Zukunftsfonds. (2014). *Zeitwert Magazin: Die neuen Seiten des Alters.* 1/2014.

Generali Zukunftsfonds & Institut für Gerontologie Heidelberg. (2014). *Der Ältesten Rat. Generali Hochaltrigenstudie: Teilhabe im hohen Alter.* Köln.

Göke, M., & Heupel, T. (2013). *Wirtschaftliche Implikationen des demografischen Wandels: Herausforderungen und Lösungsansätze.* Wiesbaden: Springer Gabler.

Grady, C. (2012). The cognitive neuroscience of ageing. *Nature Reviews Neuroscience, 13,* 491–505.

Groth, A. (2013). *Führungsstark im Wandel* (2. Aufl.). Frankfurt a. M.: Campus.

Happe, G. (2007). *Demografischer Wandel in der unternehmerischen Praxis*. Wiesbaden: Gabler.

Heckel, M. (2012). *Die Midlife-Boomer: Warum es nie spannender war, älter zu werden*. Hamburg: Edition Körber-Stiftung.

Heckel, M. (2013). *Aus Erfahrung gut: Wie die Älteren die Arbeitswelt erneuern*. Hamburg: Edition Körber-Stiftung.

Hedge, J. W., & Borman, W. C. (2012). *The Oxford handbook of work and aging (Oxford library of psychology)*. New York: Oxford University Press.

HelpAge International. (2013). *Global AgeWatch Index 2013: Insight Report*. London.

Herrmann, N. (2007). *Erfolgspotenzial ältere Mitarbeiter: Den demografischen Wandel souverän meistern*. München: Hanser.

Hodin, M. W., & Hoffmann, M. (2011). Snowbirds and water coolers: How aging populations can drive economic growth. *SAIS Review, 31*, 5–14.

Hollenstein, O. (2014). Goodbye, Ruhestand. Süddeutsche Zeitung (29.03.2014), *74*, 34.

Holz, M., & Da-Cruz, P. (2007). *Demografischer Wandel in Unternehmen: Herausforderung für die strategische Personalplanung*. Wiesbaden: Gabler.

Hüther, M., & Naegele, G. (2013). *Demografiepolitik: Herausforderungen und Handlungsfelder*. Wiesbaden: VS Verlag für Sozialwissenschaften.

Ilmarinen, J. (2009). Ageing and work: An international perspective. In S. J. Czaja & J. Sharit (Eds.), *Ageing and Work. issues and implications in a changing landscape* (pp. 51–73). Baltimore: Johns Hopkins University Press.

Initiative Neue Qualität der Arbeit. (2011). *Arbeitsfähigkeit erhalten und fördern*. Berlin.

Institut für gesundheitliche Prävention. (2009). *Menschen in altersgerechter Arbeitskultur (MiaA)*. Berlin.

Irle, M. (2009). *Älterwerden für Anfänger*. Hamburg: Rowohlt.

Irving, P. (2014). *The upside of aging: How long life is changing the world of health, work, innovation, policy and purpose*. Hoboken: Wiley.

Jackson, R., et al. (2013). *The global aging preparedness index* (2nd edn.). Washington, DC: Center for Strategic & International Studies.

Journal of Managerial Psychology. (2013). *Special issue: Facilitating age diversity in organizations, 28*(7/8).

Kast, R. (2014). Herausforderung Führung: Führen in der Mehrgenerationengesellschaft. In M. Klaffke (Hrsg.), *Generationen-Management: Konzepte, Instrumente, Good-Practice-Ansätze* (S. 227–244). Wiesbaden: Springer Gabler.

Kistler, E. (2008). *Alternsgerechte Erwerbsarbeit*. Düsseldorf: Hans Böckler Stiftung.

Klaffke, M. (Hrsg.). (2014). *Generationen-Management: Konzepte, Instrumente, Good-Practice-Ansätze*. Wiesbaden: Springer Gabler.

Kösters, W. (2011). *Weniger, bunter, älter: Den demografischen Wandel aktiv gestalten* (2. Aufl.). München: Olzog.

Kotter, J. P. (2012). *Leading change*. Boston: Harvard Business Review Press.

Kocka, J., & Staudinger, U. M. (Hrsg.). (2010). *More years, more life. recommendations of the joint academy initiative on aging (aging in Germany Bd. 9; Nova Acta Leopoldina Bd. 108, Nr. 372)*. Stuttgart: Wissenschaftliche Verlagsgesellschaft.

Kolland, F., & Ahmadi, P. (2010). *Bildung und aktives Altern: Bewegung im Ruhestand*. Bielefeld: Bertelsmann.

Körber-Stiftung. (2013). *Ältere in der Arbeitswelt: Bericht vom 4. Symposium „Potenziale des Alters"*. Hamburg.

Körber-Stiftung. (2014). *Länger leben – länger arbeiten: Wie Unternehmen die Potenziale ihrer älteren Mitarbeiter besser nutzen. Handlungsempfehlungen und gute Beispiele.* Hamburg.

Krüger, R., & Sittler, L. (2011). *Wir brauchen Euch! Wie sich die Generation 50+ engagieren und verwirklichen kann.* Hamburg: Murmann.

Kruse, A. (2007). *Alter: Was stimmt?* Freiburg: Herder.

Kruse, A. (2010). *Ältere Arbeitnehmer: Potential für den Arbeitsmarkt.* Stuttgart: Robert Bosch Stiftung.

Kruse, P. (2012). *Alter: Leben und Arbeit.* Hamburg: Körber-Stiftung.

Kruse, A., & Wahl, H.-W. (2010). *Zukunft Altern: Individuelle und gesellschaftliche Weichenstellungen.* Heidelberg: Spektrum.

Kruse, A., Rentsch, T., & Zimmermann, H.-P. (Hrsg.). (2012). *Gutes Leben im hohen Alter: Das Altern in seinen Entwicklungsmöglichkeiten und Entwicklungsgrenzen verstehen.* Heidelberg: Akademische Verlagsgesellschaft.

Kunisch, S., et al. (2010). *From grey to silver: Managing the demographic change successfully.* Berlin: Springer.

Langer, E. J. (2009). *Counterclockwise: A proven way to think yourself younger and healthier.* London: Hodder & Stoughton.

Langhoff, T. (2009). *Den demographischen Wandel im Unternehmen erfolgreich gestalten: Eine Zwischenbilanz aus arbeitswissenschaftlicher Sicht.* Berlin: Springer.

Lehr, U. (2006). *Psychologie des Alterns* (7. Aufl.). Wiebelsheim: Quelle & Meyer.

Lindenberger, U., et al. (Hrsg.). (2012). *Die Berliner Altersstudie* (3. Aufl.). Berlin: Akademie Verlag.

Maier, H., et al. (2010). *Supercentarians.* Berlin: Springer.

Marin, B., & Zaidi, A. (2007). *Mainstreaming ageing: Indicators to monitor sustainable policies.* Surrey: Ashgate.

Martin, M., & Kliegel, M. (2010). *Psychologische Grundlagen der Gerontologie* (3. Aufl.). Stuttgart: Kohlhammer.

Mayer, K. U. (2013). *Zukunft leben: Die demografische Chance, Wie werden wir morgen leben, Geld verdienen, Kinder bekommen und altern?* Berlin: Nicolai Verlag.

Mercer, Bertelsmann Stiftung. (2012). *Den demografischen Wandel im Unternehmen managen.* Frankfurt a. M.

Motel-Klingebiel, A., Wurm, S., & Tesch-Römer, C. (Hrsg.). (2010). *Altern im Wandel: Befunde des Deutschen Alterssurveys 1996–2008 (DEAS).* Stuttgart: Kohlhammer.

Müller, R. (2013). Altern macht Angst: Personalpolitik muss sich noch besser auf die Folgen der demografischen Entwicklungen einstellen. *Versicherungswirtschaft, 21,* 56.

Mümken, S., & Brussig, M. (2012). *Alterserwerbsbeteiligung in Europa. Altersübergangs-Report, Nr. 2012–01.* Duisburg: Institut für Arbeit und Qualifikation, Hans-Böckler-Stiftung.

Naegele, G., & Walker, A. (2006). *A guide to good practice in age management.* Dublin: European Foundation for the Improvement of Living and Working Conditions.

National Intelligence Council. (2012). *Global Trends 2030: Alternative Worlds.* Washington, DC.

Nerdinger, F. W., Blickle, G., & Schaper, N. (2011). *Arbeits- und Organisationspsychologie* (2. Aufl.). Berlin: Springer.

Ng, T. W. H., & Feldman, D. C. (2012). Evaluating six common stereotypes about older workers with meta-analytical data. *Personnel Psychology, 65*, 821–858.

Nickerson, C. (2014). *BOOMERangs: Engaging the aging workforce in America.* San Rafael: Charles Pinot.

Nygard, C.-H., et al. (2011). *Age management during the life course.* Tampere: Tampere University Press.

Niejahr, E. (2007). *Alt sind nur die anderen: So werden wir leben, lieben und arbeiten.* Frankfurt a. M.: S. Fischer.

Nowossadek, S., & Vogel, C. (2013). *Aktives Altern. Report Altersdaten 2/2013.* Berlin: Deutsches Zentrum für Altersfragen.

Nübold, A., & Maier, G. W. (2012). Führung in Zeiten des demografischen Wandels. In S. Grote (Hrsg.), *Die Zukunft der Führung* (S. 131–152). Berlin: Springer.

Oertel, J. (2012). *Generationenmanagement in Unternehmen.* Wiesbaden: Gabler.

Park, D. C., & Bischof, G. N. (2013). The aging mind: Neuroplasticity in response to cognitive training. *Dialogues in Clinical Neuroscience, 15*, 109–119.

Perbit Software GmbH. (2013). *Wie demografiefest sind deutsche Unternehmen? Eine Marktstudie.* Altenberge.

Preißling, D. (Hrsg.). (2010). *Erfolgreiches Personalmanagement im demografischen Wandel.* München: Oldenbourg.

Prezewowsky, M. (2007). *Demografischer Wandel und Personalmanagement: Herausforderungen und Handlungsalternativen vor dem Hintergrund der Bevölkerungsentwicklung.* Wiesbaden: Gabler.

PriceWaterhouseCoopers. (2014). *Global CEO survey: Fit for the future, capitalising on global trends.* London.

Prümper, J. (2012). Herausforderung demografischer Wandel. In L. von Rosenstiel, E. von Hornstein, & S. Augustin (Hrsg.), *Change Management Praxisfälle* (S. 233–253). Berlin: Springer.

Radebold, H., & Radebold, H. (2009). *Älterwerden will gelernt sein.* Stuttgart: Klett-Cotta.

Rahner, S. (2014). *Architekten der Arbeit: Positionen, Entwürfe, Kontroversen.* Hamburg: Edition Körber-Stiftung.

von Rosenstiel, L., & Nerdinger, F. W. (2011). *Grundlagen der Organisationspsychologie* (7. Aufl.). Stuttgart: Schäffer-Poeschel.

von Rosenstiel, L., Hornstein, E. von, & Augustin, S. (Hrsg.). (2012). *Change Management Praxisfälle.* Berlin: Springer.

Rump, J. (2014). *Lebensphasenorientierte Personalpolitik: Strategien, Konzepte und Praxisbeispiele zur Fachkräftesicherung (IBE-Reihe).* Wiesbaden: Springer Gabler.

Rump, J., & Walter, N. (Hrsg.). (2014). *Arbeitswelt 2030: Trends, Prognosen, Gestaltungsmöglichkeiten.* Stuttgart: Schäffer-Poeschel.

Schaie, K. W., & Willis, S. L. (2011). *Handbook of the psychology of aging, 7th edition.* San Diego: Academic.

Schneider, C. (2011). *Gesundheitsförderung am Arbeitsplatz: Nebenwirkung Gesundheit.* Bern: Hans Huber.

Schmidbauer, W. (2001). *Altern ohne Angst.* Hamburg: Rowohlt.

Schmidt, C. E., et al. (2012). Generation 55+: Führung und Motivation von Generationen im Krankenhaus. *Der Anaesthesist, 61*, 630–639.

Schuett, S. (2013). Altern und Arbeiten 2030: Psychologie des Alterns unterstützt Führungskräfte bei Veränderungsprozessen im Demografie-Management. *Versicherungswirtschaft, 18*, 48–49.

Schuett, S. (2014a). *Demografie-Management in der Praxis: Mit der Psychologie des Alterns wettbewerbsfähig bleiben.* Berlin: Springer.

Schuett, S. (2014b). Lebens- und Schaffensfreude in alternden Belegschaften fördern: Personalentwicklung rund ums Altern. *Human Resource Management Network,* 05.08.2014

Schulz von Thun, F., Ruppel, J., & Stratmann, R. (2003). *Miteinander reden: Kommunikationspsychologie für Führungskräfte.* Reinbeck: Rowohlt.

Schweitzer, J., & Bossmann, U. (2013). *Systemisches Demografiemanagement: Wie kommt Neues zum Älterwerden ins Unternehmen?* Wiesbaden: Springer Gabler.

Schwertfeger, B. (2014). Mit 50 fängt das Ende an: Älterwerden im Beruf. *Spiegel,* 08, 06.2014.

Seidman, D. (2013). How will changing demographics influence business in coming decade? *Wallstreet Journal online,* 29.11.2013.

Seyfried, B. (Hrsg.). (2011). *Ältere Beschäftigte: Zu jung um alt zu sein.* Bielefeld: Bertelsmann.

Soros, G. (1994–2003). *Transforming the culture of dying.* New York: Open Society Institute.

Sporket, M. (2011). *Organisationen im demographischen Wandel: Alternsmanagement in der betrieblichen Praxis.* Wiesbaden: VS Verlag für Sozialwissenschaften.

Stamov Roßnagel, C. (2012). Weiterbildung 40+: Wie Max Muster sie systematisch fördert. In N. Hummel & J. Funk (Hrsg.), *Von Leuchttürmen, Nebelbänken und Eisbergen – Fachkräftesicherung braucht Weitsicht.* Frankfurt a. M.: FAZ-Buch.

Stamov Roßnagel, C., & Lloyd, K. (2012). Lebenslanges Lernen fördern: Gezielter Aufbau von Lernkompetenz. In DGFP e. V. (Hrsg.), *Personalentwicklung bei längerer Lebensarbeitszeit. Ältere Mitarbeiter von heute und morgen entwickeln* (S. 55–63, Bd. 105). Bielefeld: W. Bertelsmann.

Standard & Poor's. (2013). *Global aging 2013: Rising to the challenge.* Standard & Poor's Rating Services, New York: McGraw Hill.

Standford Center on Longevity. (2014). *Adapting to an aging workforce: Conference proceedings.* Stanford.

Statistische Ämter des Bundes und der Länder. (2012). *Arbeitsmärkte im Wandel.* Wiesbaden.

Staudinger, U. M. (2013). Raus aus der Altersfalle. *Handelsblatt, 123,* 48 (01.07.2013), Düsseldorf.

Staudinger, U. M., et al. (Hrsg.). (2011). *Den demografischen Wandel meistern: Eine Frage der Passung.* Bielefeld: W. Bertelsmann.

Staudinger, U. M., & Häfner, H. (2008). *Was ist Alter(n)? Neue Antworten auf eine scheinbar einfache Frage.* Berlin: Springer.

Sokolow, A. (2013). Führung: Auch Haifische fürchten sich mal. *Human Resources Manager,* 30. 07.2013.

Tempel, J., & Ilmarinen, J. (2012). *Arbeitsleben 2025: Das Haus der Arbeitsfähigkeit im Unternehmen bauen.* Hamburg: VSA.

Tesch-Römer, C. (2012). *Active aging and quality of life in old age.* New York: United Nations.

Towers Watson (2014). *Erfolgsfaktor Demografie-Management: Status Quo, Herausforderungen und Lösungsansätze für Unternehmen.* Frankfurt a. M.

Truxillo, D. M. (2014). *Age in the workplace: Challenges and opportunities*. Oxon: Routledge.

UBS. (2013). *80 is the new 60 (UBS Investor Watch, 4Q)*. New York.

United Nations. (2012). *Ageing in the twenty-first century: A celebration and a challenge*. New York: United Nations Population Fund.

Vaillant, G. (2002). *Aging well*. New York: Little, Brown and Company.

Vaillant, G. (2012). *Triumphs of experience*. Cambridge: Harvard University Press.

Vaupel, J., et al. (2014). *Demografische Forschung aus erster Hand: Alter neu denken in Forschung und Praxis*. www.demografische-forschung.org.

Versicherungswirtschaft. (2014). *Was die Demografie erzwingt*. Titelreport Mai 2014, 12–23.

Vielmetter, G., & Sell, Y. (2013). *Leadership 2030: The six megatrends you need to understand to lead your company into the future*. New York: AMACOM.

Voelpel, S., Leibold, M., & Früchtenicht, J.-D. (2007). *Herausforderung 50 plus. Konzepte zum Management der Aging Workforce: Die Antwort auf das demographische Dilemma*. Erlangen: Publicis.

Wahl, H.-W., Tesch-Römer, C., & Ziegelmann, J. P. (2012). *Angewandte Gerontologie: Interventionen für ein gutes Altern in 100 Schlüsselbegriffen* (2nd ed.). Stuttgart: Kohlhammer.

Walter, N., et al. (2013). *Die Zukunft der Arbeitswelt*. Stuttgart: Robert Bosch Stiftung.

Ware, B. (2012). *The top five regrets of dying*. London: Hay House.

Wegge, J., et al. (2012). Führung im demografischen Wandel. *Report Psychologie, 37,* 344–354.

Wegge, J., et al. (2014). Leader behavior as a determinant of health at work: Specification and evidence of five key pathways. *German Journal of Research in Human Resource Management, 28,* 6–23.

Zölch, M., et al. (2009). *Fit für den demografischen Wandel? Ergebnisse, Instrumente, Ansätze guter Praxis*. Bern: Haupt.

Lesen Sie hier weiter